CLV

WOLFGANG ZÖLLER

Wie geht es dir, Mama?

DER LAUTLOSE MASSENMORD

CLV

Christliche Literatur-Verbreitung e. V.
Ravensberger Bleiche 6 · 33649 Bielefeld

Die Bibelzitate sind der Elberfelder Übersetzung 2003, Edition CSV Hückeswagen, entnommen.

1. Auflage 1987 unter dem Titel
»2. Mai oder: Walpurgis und die Ungeborenen«
2. Auflage 1991 unter dem Titel »Der lautlose Holocaust«
3. Auflage 2019

Christliche Literatur-Verbreitung
Ravensberger Bleiche 6 · 33649 Bielefeld
www.clv.de

Satz: Lena Ulbrich (www.lenaulbrich.de)
Umschlag: Lucian Binder, Marienheide
Druck und Bindung: ARKA, Cieszyn, Polen (www.arkadruk.pl)

Artikel-Nr. 255152
ISBN 978-3-89397-152-7

*

Es war ein Donnerstag, der Morgen des 2. Mai. Über der Stadt lag eine große Nervosität. Noch registrierte niemand bewusst die Ursache. Die neuen Blickfänge an den Litfaßsäulen und Plakatwänden nahmen die Menschen zunächst nur mit halbem Auge wahr.

In der Hälfte des Vormittags jedoch brach es durch. In den Frühstückspausen brandeten die Diskussionen auf. Draußen ertönten die ersten Martinshörner, deren Konzert dann den ganzen Tag hindurch nicht mehr abriss. Von diesem Morgen an war nichts mehr so wie vorher.

*

Aus den Lautsprechern des Umkleideraums, der Pausenstube und der Garagenhalle sowie auf dem Betriebshof tönte zwei Minuten vor Dienstbeginn die Stimme des Prokuristen: »Hallo, Kollegen! Kommen Sie bitte in zehn Minuten alle hinauf ins Sitzungszimmer zu einer Besprechung!«

Die Männer vor den Kleiderspinden schauten sich an, ließen sich aber beim Umstieg in die Arbeitsoveralls nicht stören. Einige, die ihr Fahrzeug bereits auf den Hof hinausgesteuert hatten, schalteten die Motoren wieder ab und kletterten vom Führersitz herunter. Im Treppenhaus bemerkten die Männer, dass Martin, Einsatzleiter und Betriebsratsvorsitzender in einer Person, nicht unter ihnen war.

Ihn trafen sie im Sitzungssaal am Kopfende des lang gezogenen Tischrechtecks neben Prokurist Kralle. Der bat die Männer höflich, auf den Stühlen Platz zu nehmen. Als die 34-köpfige Runde komplett war, ergriff zuerst Martin das Wort: »Kollegen! Heute ist der 25. April, und wir wollen euch darüber informieren, dass wir genau heute in einer Woche, also am 2. Mai, einen bestimmten Sondereinsatz vorhaben, bei dem keiner von uns fehlen darf. Unser Prokurist, Herr Kralle, wird uns alles Nähere jetzt erläutern.«

Freundlich, sachlich, energisch, wie sie ihn alle kannten, legte Kralle los: »Meine Herren, am Donnerstag nächster Woche beginnen wir wesentlich früher als gewohnt, nämlich morgens um halb vier.« In die Männer kam ein wenig Bewegung. Missfallen auf den einen Gesichtern, amüsiertes Schmunzeln und Fragen auf den anderen. »Gibt es dann auch 'ne Nachtschichtzulage?«, wollte einer wissen. Ein anderer: »Was ist denn überhaupt los?« Ein dritter: »Wieso ist sieben Uhr nicht mehr früh genug?«

Martin hob beschwichtigend die Hände. »Mal langsam, Kameraden! Lasst Herrn Kralle weiter erklären.« Der sprach weiter: »Es geht hier um einen Einzelfall, einen Sondereinsatz. Diesmal kleben wir weder Zigaretten noch Hautcreme, auch keine Eisenbahnangebote oder Rockkonzerte. Diesmal haben wir Gesinnung zu verkaufen.« Wieder unterbrach ihn eine Stimme aus der Tischrunde: »Wat denn für 'ne Gesinnung? Doch bloß nich grün, tiefrot oder braun! Hä?« Kralle blickte in das wettergegerbte Gesicht des alten Zender, der die meisten Dienstjahre in der Firma auf dem Buckel hatte, und musste schmunzeln: »Sie können beruhigt sein. Der Auftraggeber, der absolut geheim bleiben will, kommt aus einem sehr konservativen Lager.«

»Warum müssen wir denn zu so nachtschlafender Zeit ran?« Die Frage löste Heiterkeit aus, weil sie ausgerechnet von Hugo kam, der öfter fünf bis zehn Minuten zu spät zum Dienst erschien, mit dieser Unart aber geduldet wurde, weil er sonst ein ausgezeichneter Mitarbeiter war: schnell, zuverlässig, überaus präzise, einer der besten Plakatkleber, die man bei der STAREK – Stadtreklame GmbH & Co. KG – je gesehen hatte.

Der Prokurist verzog keine Miene und antwortete: »Ich weiß das selber nicht genau. Offenbar geht es hier um einen bestimmten psychologischen Schlageffekt. Sie sollen, meine Herren, sämtliche Plakatwände und Litfaßsäulen unserer Stadt zwischen halb vier und halb acht mit den Plakaten bekleben, die Sie erst an dem Donnerstagmorgen in die Hand bekommen.«

Die Männer fingen an, untereinander zu murmeln. Der eine hielt das alles für »'nen besonderen Krimi«. Ein anderer: »Na ja, ist doch mal was Neues ...« Kralles Stimme übertönte das Gespräch: »Sie dürften Ihre Firma gut genug kennen, um zu wissen, dass wir uns auf nichts Zweifelhaftes einlassen. Die Verantwortung für die gesamte Aktion trägt sowieso die Geschäftsleitung. Und dann kommt noch eine für Sie interessante Besonderheit hinzu: Der Auftraggeber hat das komplette Projekt im Voraus bezahlt und für jeden von Ihnen eine Prämie von tausend Euro draufgelegt!«

Sprachlosigkeit für einige Augenblicke. Dann ein Schnaufen, ein Raunen, das ungläubige Lachen einer Stimme. »Wer nicht dabei ist, bringt sich um die Prämie«, schnitt Kralle alle weiteren Fragen ab. Und Betriebsratsvorsitzender Martin Geroldsheim schloss sich an: »Kollegen! Die Sache ist in Ordnung. Wir sollten alle mitziehen.«

Noch einmal meldete sich der Prokurist: »Die Sache hat noch eine prekäre Seite, wie mir gesagt wurde. Mit ziemlicher Sicherheit werden wir in den Tagen nach dem 2. Mai eine hohe Schadensquote bekommen. Die Plakate sollen ein ganz bestimmtes, gezieltes Ärgernis erregen und werden an vielen Stellen herabgerissen werden. Deshalb haben wir nach dem 2. Mai mindestens eine Woche lang nur mit dem Nachkleben zu tun. Genügend Plakate sind geliefert worden – ungefähr viermal so viele, wie wir Flächen anzubieten haben.«

»Und wenn wütende Leute auf uns losgehen und uns was aufs Maul schlagen wollen, was dann?« Die Frage von Hans Hansen, dem bedächtigen Ostfriesen und Vater dreier Kinder, löste gespanntes Schweigen aus. Alle schauten fragend zu Kralle. Der hatte auch darauf eine Antwort parat: »Wenn sich Aggression bemerkbar machen sollte, ziehen Sie zum Nachkleben in Vierer- oder Fünfergruppen los. Notfalls fordern wir sogar Polizeischutz an.«

Pino, der drahtige Italiener, schnarrte dazwischen: »Ich glaube, die Arbeit jetzt wird spannend!« Martin Geroldsheim: »Und noch dieses, Kollegen! Erzählt von der ganzen Angelegenheit möglichst niemand etwas. Uns wurde gesagt, dass es hier um einen ganz besonderen Überraschungseffekt geht. Deshalb darf vorher nichts in die Presse oder auch nur ins Stadtgespräch gelangen.«

Wieder eine kurze Pause, in der die Männer von anfänglichem Raunen schnell ins Diskutieren kamen. Dann verschaffte sich der Prokurist noch einmal Ruhe und fragte: »Also, meine Herren, geht die Sache klar? Kann ich auf Sie rechnen?« Die Antwort kam vom alten Jupp Zender: »Is doch keine Frage, wenn Sie de Verantwortung übernehmen un für uns dabei tausend rausspringen!«

Vereinzeltes Kopfnicken, kein Wort des Protestes. Polternd erhoben sich die Männer von ihren Stühlen und begaben sich nach draußen. Wenige Minuten später schwärmte die Flotte der Kleinlastwagen und Bullis in die Stadt hinaus.

Als das letzte Einsatzfahrzeug den Betriebshof verlassen hatte, wandte sich der Prokurist an den Betriebsratsvorsitzenden und sagte: »Den harten Vierstundenschub am nächsten Donnerstag schaffen wir nur mit größter Mühe. Wahrscheinlich werden wir beide, Sie und ich, mitmachen müssen.«

Dann ging er mit ihm durch die Garagenhalle, an deren hinterstem Ende Kralle stehen blieb, einen Schlüssel aus der Hosentasche zog und eine Tür aufschloss. Martin Geroldsheim wusste, dass sich dahinter ein etwas verkommener, nur selten benutzter Lagerraum befand. Zum Aufbewahren von Plakatmaterial waren vorwiegend die trockenen, sauberen Räume im Hauptgebäude der Firma unterhalb der Büroetage da.

Jetzt schritten Geroldsheim und Prokurist Konrad Kralle in den halbdunklen Abstellraum hinein. Der Prokurist griff nach einem Lichtschalter, und dann standen sie vor drei großen Holzpaletten, auf denen großflächige Pakete lagen, deren Ausmaße nur auf einen Inhalt schließen ließ: Plakate.

»Vorletzte Nacht«, so Kralle, »rollte der Transport an. Der Chef war mutterseelenallein hier und bediente, wie er mir erzählte, eigenhändig den Gabelstapler, um die Paletten vom Lastwagen zu heben und hier abzuladen. Gestern Nachmittag hat er mir dann alles genau erklärt, bevor er sich in seinen Wagen setzte und mit Frau und Fräulein Tochter in den Urlaub abrauschte. Und bis jetzt weiß keiner, wohin.«

Die beiden Männer nahmen die Verpackungen näher unter die Lupe und stellten fest, dass es weder einen Versandaufkleber noch sonst einen Hinweis auf die Herkunft der Lieferung gab. Bei näherem Hinschauen entdeckten sie, dass zwischen den großen Paketen an einer senkrechten Seitenwand irgendetwas aufgeklebt war. Mit vereinten Kräften stemmten sie das Paket so weit von dem anderen weg, bis sie das Papier in der Größe eines halben Schreibmaschinenblattes erkennen und die Aufschrift lesen konnten: »Das Wort Gottes ist lebendig und wirksam und schärfer als jedes zweischneidige Schwert und durchdringend bis zur Scheidung von Seele und Geist, sowohl der Gelenke als auch des Markes, und ein Beurteiler der Gedanken und Überlegungen des Herzens; und kein Geschöpf ist vor ihm unsichtbar, sondern alles ist bloß und aufgedeckt vor den Augen dessen, mit dem wir es zu tun haben.« Dahinter stand, kleiner gedruckt: »Die Bibel: Hebräerbrief 4,12-13.«

Geroldsheim las den Text halblaut vor. Dann schauten beide sich an. »Von daher also weht der geheimnisvolle Wind«, sagte er. Prokurist Kralle meinte mit nachdenklichem Gesicht: »Scheint von der ganz frommen Seite zu kommen. Dann kann's ja nichts Schlimmes sein …« Den Betriebsratsvorsitzenden stellte das jedoch nicht zufrieden. »Warum aber dieses verrückte Versteckspiel?«

*

Um Punkt sechs Uhr, eine halbe Stunde vor Dienstbeginn, hockte der Kreis im Unterrichtsraum zusammen. Lukas, Philipp, Laura, Andrea und Ann-Christin waren fünf der insgesamt achtzehn Krankenpflegeschüler, die zu der Zeit am Kreiskrankenhaus ausgebildet wurden. Philipp zog eine kleine Bibel aus der

Tasche, schlug ziemlich genau in der Mitte auf und las daraus vor: »Glückselig der Mann, der nicht wandelt im Rat der Gottlosen und nicht steht auf dem Weg der Sünder und nicht sitzt auf dem Sitz der Spötter, sondern seine Lust hat am Gesetz des Herrn und über sein Gesetz sinnt Tag und Nacht! Und er ist wie ein Baum, gepflanzt an Wasserbächen, der seine Frucht bringt zu seiner Zeit und dessen Blatt nicht verwelkt; und alles, was er tut, gelingt.«

Dann falteten sie die Hände, senkten die Köpfe und sprachen in eigenen, freien Worten schlichte Gebete. Das hielten sie seit Beginn ihrer Ausbildung vor zehn Monaten so. Die Krankenhausleitung hatte gegen die allmorgendliche Zusammenkunft des fünfköpfigen Gebetskreises nichts einzuwenden gehabt.

Heute, es war Freitag, der 26. April, machte Ann-Christin den Anfang. Sie dankte Gott für den Schlaf in der Nacht und die Bewahrung auf dem Weg vom Elternhaus zur Arbeitsstelle und bat um gutes Gelingen im Dienst. Philipp schloss sich an. Andrea und Lukas folgten. Dann machte Laura den Abschluss. Ihre Körperhaltung verriet innere Spannung.

Nach dem letzten »Amen« schauten alle Laura an. »Du bist die erste von uns, die in die Gynäkologie kommt«, sagte Lukas, »wir denken heute an dich.« Dann sprangen sie auf. Es war halb sieben. Sie rückten die Stühle wieder zurecht und stürmten hinaus zu ihren Abteilungen.

Laura wanderte in den Westflügel hinüber und schob sich durch die Doppeltür zur gynäkologischen Abteilung. In einem langen Flur standen sechs Rollbetten.

Auf jedem lag eine Frau, keine davon über dreißig. Zwei unter ihnen erschienen Laura mehr wie junge Mädchen.

Aus einer Tür trat eine Krankenschwester. Sie ging auf Laura zu. »Sie sind die Neue, die uns für heute Morgen angekündigt wurde? Kommen Sie, es kann sofort losgehen.« Die OP-Schwester öffnete die Schiebetür, aus dem Kreißsaal fiel grelles Licht in den Flur. Laura fasste mit an, und das erste Rollbett wurde hineingeschoben.

Während die Schwester die Tür wieder zuschob, sagte sie beiläufig: »Wieder volles Programm heute.« Laura wollte wissen: »Um was für Krankheitsbilder geht es? Die Frauen sind doch alle noch ziemlich jung?« Die OP-Schwester lachte kurz und hart: »Haben alle dasselbe …«

Ein junger Narkosearzt kam mit seinen Geräten herbei und nahm sich schweigend der Patientin an. Laura fiel auf, dass in einem Nebenraum das Rauschen eines Wasserkrans abgestellt wurde. Dann erschien dort in der Tür ein Arzt. Er schaute die Schwesternschülerin an und sagte höflich: »Angelus.« Er reichte ihr aber keine Hand, weil er sich gerade die Gummihandschuhe überstreifte.

»Aha«, dachte Laura, »der Mensch hinter der weißen Maske ist hier der Chefarzt und mein neuer Lehrmeister Dr. Günther Angelus.« Die OP-Schwester war schnell nach nebenan gegangen, wusch sich die Hände und kam ebenfalls mit Gummihandschuhen wieder herein.

Als Dr. Angelus die bereits narkotisierte Patientin auf dem Tisch liegen sah und seine Augen aufmerksam die deutliche Wölbung des Unterleibs musterten, brummte er: »Das sollen weniger als zwölf Wochen sein?« Die

Schwester schaute ihn an: »Der übliche Grenzfall. Wie wollen wir das Gegenteil beweisen?«

Der Arzt zerbiss ein Wort zwischen den Zähnen, das sich wie ein Fluch anhörte, und meinte: »Na, dann wollen wir mal anfangen.« Laura hatte plötzlich keine Farbe mehr im Gesicht. Sie hatte begriffen, um was es hier ging, und stand zunächst starr vor Entsetzen. Dann drehte sie sich um, stürzte zur Tür hinaus und durch den langen Flur mit den wartenden Frauen, ohne dass sie in eines der Gesichter hätte blicken können.

Die Schwesternschülerin rannte zum Treppenhaus, stürmte hinauf ins Dachgeschoß, stieß die Tür zum Umkleideraum auf und ließ sich auf einen Stuhl in der Ecke fallen. Hier erst brachen die Tränen aus ihr heraus. Sie fischte nach einem Taschentuch, putzte sich die Nase, knöpfte ihren Kittel auf und wechselte ihn gegen ihre Alltagskleidung aus.

Als sie gerade nach ihrer Handtasche langte und den Spind wieder zuschließen wollte, kam Andrea herein, um schnell die Sandalen mit anderen weißen Schuhen zu vertauschen. »Wo willst du hin?«, fragte Andrea und bemerkte dann bei Laura ein leichtes Schluchzen. Nun hielt sie sie am Arm fest und fragte: »Was ist dir? Hast du Ärger gehabt?«

»Ich halt's hier nicht mehr aus, ich muss mal raus …« Laura wandte sich zur Tür. »Aber was ist denn passiert?«, wollte Andrea wissen. »Nichts ist passiert«, weinte Laura, »aber da unten in der Gynäkologie passiert nur ein und dasselbe, da wird massenweise abgetrieben!« Andrea wurde blass. »Das darf nicht wahr sein!« Laura lief auf den Flur hinaus. Andrea rief ihr nach: »Mach bloß keinen Quatsch!« Laura rief über die Schulter zurück: »Ich bleibe nicht lang, komme gleich zurück!«

Draußen schlug sie keinen gezielten Weg ein, sondern irrte in Richtung Stadtmitte. Nach einer kurzen Strecke entdeckte sie einen der städtischen Parks und steuerte eine Ruhebank an, die von Rasen und von vielen Krokussen umgeben war. Hier setzte sie sich, um ihre Gedanken zu sammeln, sich die Tränen aus dem Gesicht zu wischen und innerlich ruhig zu werden.

Laura legte ihre Hände ineinander und betete innerlich: »Herr, hilf mir, jetzt nicht das Falsche zu tun!« Nach einer Weile war ihr klar, was zu tun war. Sie ging zur nächsten Bushaltestelle und nahm die Linie zum Kreishaus. Dort betrat sie das moderne Hochhaus der Kreisverwaltung, studierte den Wegweiser, fuhr mit dem Aufzug in den 13. Stock hinauf und klopfte an die Tür zum Vorzimmer des Landrats.

Sie stellte sich bei der Sekretärin vor und bat, den Herrn Landrat sprechen zu dürfen. »Waren Sie irgendwie angemeldet?« Die Vorzimmerdame war sehr freundlich. »Nein«, antwortete Laura, »aber ich habe was Dringendes auf dem Herzen, für das der Herr Landrat zuständig ist. Es geht ums Kreiskrankenhaus.«

Die Sekretärin schaute auf die Lämpchen ihres Telefons, bei denen gerade einmal keines aufleuchtete. Dann sagte sie: »Mal sehen, was möglich ist. Ich glaube, Sie könnten heute Morgen Glück haben.« Sie ging auf das Büro des Landrats zu, klopfte und öffnete eine Doppeltür, hinter der sie verschwand. Knapp eine Minute später kam sie wieder heraus, ließ die Tür offen und forderte Laura auf, hineinzugehen. Hinter dem

Schreibtisch erhob sich ein mittelgroßer, glatt rasierter Mann mit hellen Augen, leicht gewelltem Haar und freundlicher Miene. Er schien kaum älter als 45 Jahre zu sein und begrüßte die Besucherin mit kräftigem Händedruck. »Was kann ich für Sie tun?«

»Das geht jetzt doch alles ein wenig plötzlich«, dachte Laura. Sie ordnete einen Augenblick lang ihre Gedanken und sagte dann: »Herr Landrat, ich komme gerade aus dem Kreiskrankenhaus, wo ich als Schwesternschülerin arbeite und heute Morgen weggelaufen bin.«

Der Landrat bot ihr einen ledergepolsterten Platz an, setzte sich selbst und fragte ohne besondere Regung: »Was ist denn passiert, dass Sie weggelaufen sind?«

Laura holte tief Luft und antwortete: »Heute Morgen habe ich neu in der Gynäkologie begonnen. Und da passierte nichts anderes, als dass Kinder abgetrieben wurden, eine Frau nach der anderen. Auf dem Flur warteten noch fünf junge Patientinnen, die alle heute Vormittag abtreiben lassen!« Der Landrat hob ein wenig die Augenbrauen: »Und das hat Sie so gestört, dass Sie ausgerissen sind?«

»Das kann ich nicht mit ansehen, ich halte es einfach nicht aus«, sagte Laura frei heraus. »Sehen Sie, ich bin überzeugte Christin, weil Jesus mein persönlicher Herr ist. Und ich will Krankenschwester werden, um Leben zu erhalten, aber nicht, um Leben zu zerstören!« Die Hand des Landrats langte nach einem Knopf der Sprechanlage. »Frau Busch!«

Sofort ging die Tür auf und die Sekretärin erschien. »Kommen Sie mal rein und machen Sie die Tür zu.

Ich bekomme hier etwas aus der Klinik zu hören und möchte vorerst unseren Krankenhausdezernenten nicht einschalten. Sagen Sie, Frau Busch, Sie haben doch Ihre Augen und Ohren überall. Haben Sie in letzter Zeit etwas über hohe Zahlen von Abtreibungen in unserem Haus gehört?«

Frau Busch nahm unaufgefordert in einem der anderen Ledersessel Platz, schlug ein Bein über das andere, beugte sich ein wenig vor und schaute konzentriert zu Boden. »Dr. Angelus, der Chefarzt der Gynäkologie, ist jetzt etwa ein Vierteljahr bei uns. Ich hörte, dass junge Frauen, die abtreiben wollen, in Scharen zu ihm kommen. Man spricht an unterrichteten Stellen vom ›Schlangestehen‹ bei Dr. Angelus.«

Die Hände des Landrats hatten sich um die Armlehnen seines wuchtigen Sessels gekrampft. Er drehte den Stuhl auf der Achse und schaute durch die Fensterwand auf das Häusermeer der 120 000 Einwohner zählenden Stadt hinab. »Alles, was mir bisher über die Praxis der Schwangerschaftsabbrüche im Kreiskrankenhaus bekannt ist, bewegt sich im Rahmen des gesetzlich Zulässigen und des moralisch Verantwortbaren.«

Frau Busch unterbrach ihn leise: »Sie können davon ausgehen, dass sich Dr. Angelus nicht aus dem Rahmen des gesetzlich Zulässigen hinausbegibt.« Der Landrat drehte seinen Stuhl wieder um. »Da haben Sie recht. Aber das Ausmaß dessen, was uns Frau Eichbaum hier schildert und was Sie mir jetzt bestätigt haben, erschreckt mich doch sehr ...«

Die Sekretärin wusste im selben Augenblick intuitiv, dass dieses Gespräch für sie beendet war, und sprang auf, um wieder in ihr Vorzimmer zu gehen. Der Landrat wandte sich an Laura: »Ich weiß noch nicht, was sich im Blick auf die Gynäkologie tun lässt. Sie gehen jetzt wieder in Ihr Krankenhaus zurück und melden sich unverzüglich bei der Oberin, Schwester Gerlinde. Ich werde unterdessen mit ihr telefonieren, dass man Sie nach Möglichkeit vorläufig aus der Gynäkologie herausnimmt und in einem anderen Fachbereich weiterlernen lässt.« Er stand auf und gab Laura die Hand. »Vielen Dank, Herr Landrat!«, sagte sie.

Laura suchte zuerst den Umkleideraum auf und hüllte sich wieder in ihren weißen Kittel. Als sie wenige Minuten später vor der Tür zum Zimmer der Oberin stand, klopfte ihr das Herz bis zum Hals – was sie, darüber wunderte sie sich selber, beim Besuch in der Chefetage des Kreishauses nicht empfunden hatte. Sie klopfte und trat ein.

Die Oberin, eine energische Fünfzigerin, schaute über ihren Brillenrand und sagte: »Da sind Sie ja! Sie haben ja ein schönes Ding angestellt. Was der Landrat mir vorhin telefonisch durchgab, war fast ein Anpfiff.« Der zwanzigjährigen Schwesternschülerin blieb das Herz fast stehen.

»Das …«, stotterte sie vor Aufregung, »das … das habe ich aber nicht gewollt …« Die Oberin fing an zu lächeln. »Nun nehmen Sie mal Platz da auf dem Stuhl! So schlimm war es ja auch nicht.« Plötzlich war die Stimme von Schwester Gerlinde weicher. »Das wollen wir nun bloß nicht im Haus publik werden lassen, dass Sie in der ersten großen Aufregung zum Landrat gelaufen sind. Sonst geraten Sie hier in ein falsches Licht. Aber sagen

Sie mal, Sie sind uns doch sonst für Ihr ziemlich festes Nervenkorsett bekannt. Heulend aus dem Haus rennen, sowas kennt man bei Ihnen doch nicht!«

Laura antwortete: »Normalerweise passiert mir das ja auch nicht. Aber hier ging es um etwas anderes. Ich bin Christin und …« »Ach ja«, schnitt ihr die Oberin das Wort ab, »Sie gehören, wenn ich mich recht entsinne, zu diesem kleinen frommen Kreis im Haus. Dann kann ich Ihre Haltung besser verstehen. Nun passen Sie mal gut auf, mein liebes Kind! Sie haben da etwas gemacht, was andere hier im Haus bereits vorhatten, aber aus Feigheit bisher unterließen. Über die Arbeit des neuen Chefgynäkologen sind wahrhaftig nicht alle glücklich. Aber das bleibt streng unter uns, hören Sie! Und jetzt ergeht vom Herrn Landrat und von mir an Sie die dringende Bitte, dieses ganze Problem nirgends an die Öffentlichkeit gelangen zu lassen! Versprechen Sie mir das?«

Laura stand von ihrem Stuhl auf. »Ja, das verspreche ich Ihnen.« Schwester Gerlinde war zufrieden. »Wir werden zusehen, wie wir die von Ihnen aufgerissene Wunde hier im Hause mit der Zeit wieder schließen können. Über das Für und Wider der Abtreibung gibt's unter uns nichts zu debattieren. Aber das Ausmaß, in welchem das hier durchgeführt wird, geht entschieden zu weit. Deshalb bin ich Ihnen in diesem einen Fall für Ihren Weg zum Landrat dankbar. Aber wenn Sie das nächste Mal Kummer haben, das versprechen Sie mir auch, dann kommen Sie zu mir!«

Laura schaute auf ihre Fußspitzen. »Ja, das will ich tun. Aber, was mache ich jetzt …?« Die Oberin verzog das Gesicht. »Jaja, das habe ich mit dem Herrn

Landrat besprochen. Sie bringen uns unser Konzept durcheinander. Ich muss das alles noch eingehend mit der Ausbildungsschwester überlegen. Für heute Nachmittag helfen Sie mal in der Küche aus. Morgen um sieben sprechen Sie wieder hier bei mir vor, und dann hoffe ich, Sie in der Dermatologie unterbringen zu können. Was später mit Ihnen und der Gynäkologie wird, müssen wir abwarten.«

Zum Dienstende traf Laura im Umkleideraum wieder mit Andrea und Ann-Christin zusammen. Da noch andere Schwestern und Schwesternschülerinnen in unmittelbarer Nähe standen, beschränkte sich Andrea auf den kurzen Hinweis: »Wir treffen uns im Schlosscafé. Die Jungs kommen auch.« Laura verstand.

Eine viertel Stunde später saßen die fünf in der hintersten Ecke des Cafés um einen kleinen runden Tisch, jeder mit einer dampfenden Tasse Kaffee vor sich. »Was war mit dir heute los?«, wollte Philipp wissen. Und Lukas hakte nach: »Andrea sagte uns, da wäre irgendetwas mit Abtreibungen gewesen. Was hast du in der Gynäkologie angetroffen?«

In diesem Augenblick löste sich in Laura eine große innere Anspannung. Plötzlich konnte sie den Tränenfluss nicht mehr zurückhalten. Sie sah die Szene im Kreißsaal und im Flur erneut vor sich. Ehe sie ein Taschentuch fand, drückte Ann-Christin ihr eines in die Hand. Laura wischte sich fortlaufend Augen und Nase, bekam ihre Tränen aber nicht unter Kontrolle, sondern schluchzte leise vor sich hin.

»Wir haben uns in der Mittagspause kurz getroffen, Ann-Christin und Philipp und ich«, sprach Andrea weiter, »und haben für dich gebetet. Und jetzt erzähl mal, wo du gewesen bist und was es weiter gegeben hat.« Lukas hob ein wenig die Hand und unterbrach Andrea. »Warte mal kurz«, bat er, »sie braucht wohl gerade noch etwas Zeit.«

Sie geduldeten sich einige Minuten, bis Laura sich wieder beruhigt hatte. Sie trank schweigend eine halbe Tasse Kaffee aus. Dann begann sie: »Ich bin ins Kreishaus gegangen, zum Landrat.« Die anderen rissen Mund und Augen auf. »Du bist verrückt«, platzte Andrea heraus, »was hast du denn da gemacht?« Laura schaute Andrea ins Gesicht und musste ein wenig lachen. »Mit dem Landrat geredet hab ich. Was denn sonst? Der hatte gerade Zeit für mich und war ein sehr netter Mensch.«

»Aber was gab's denn mit dem Landrat zu reden?«, fragte Philipp. »Hast du dem etwa was aus der Gynäkologie und über Abtreibungen erzählt?« Sprachlos vor Erstaunen hörten die vier zu, wie Laura ihnen ihre Erlebnisse vom Morgen mitteilte und auch über das Gespräch zwischen dem Landrat und seiner Sekretärin berichtete. Andreas Augen verengten sich. »Und in so einem Haus arbeiten wir mit«, kam es fauchend aus ihr hervor. »Da sollte man denen als Christ die Klamotten hinwerfen und in der Öffentlichkeit einen großen Krach schlagen!«

»Das sollte man wirklich überlegen«, hängte sich Lukas an. »Und genau das darf nicht passieren«, stellte Laura sachlich fest. »Was darf nicht passieren?«, fragte Philipp. »Dass etwas über die ganze Sache an die Öffentlichkeit kommt«, erklärte Laura und berichtete über ihr Gespräch mit der Oberin.

Dann meldete sich die stille Ann-Christin zu Wort: »Demonstrieren und Krach schlagen ist ja auch nicht Aufgabe der Christen. Das tun die von der anderen Seite schon genug, die Feministinnen beziehungsweise die, die fürs Abtreiben sind. Aber wir müssten beten.« Andrea fragte: »Für was beten?« Ann-Christin hob die Schultern. »Vielleicht dafür, dass dem Dr. Angelus bald das Handwerk in unserem Haus gelegt wird.«

*

Lena hatte es eilig. Mit hastigen Bewegungen stopfte sie die letzten Sachen in die zwei großen Reisetaschen. Ihre Mutter war gerade zum Nachmittagseinkauf in die Innenstadt gegangen. Ihr Vater würde erst in anderthalb Stunden aus dem Büro kommen, und ihre zwei kleineren Brüder tobten im nahe gelegenen Hallenbad herum.

Aber bei ihrer Mutter konnte man nie genau wissen, wann sie wieder heimkehrte. Und Lena wollte alles vermeiden, was ihren ebenso stillen wie plötzlichen Auszug noch hätte infrage stellen können. Sie war inzwischen achtzehn und wollte sich von niemand mehr Vorschriften machen lassen. Sie wollte zu Tim ziehen.

In seiner Bude drüben zwischen Bahndamm und Tiergarten, wo ein bunt gemischter Haufen aus Studenten und jungen Arbeitslosen drei noch nicht sehr alte Abbruchhäuser besetzt hatten und von der Stadtverwaltung bisher in Ruhe gelassen wurden, fühlte sie sich längst heimisch. Das war nun schon vier Monate lang Lenas zweites Leben: ihre heimliche Verbindung mit Tim.

Wären die Eltern darüber im Bilde gewesen, hätte es einen Familienkrach nach dem anderen gegeben. Sie hätten ihre Freundinnen und den Jugendkreisleiter, notfalls auch die Gemeindeleiter gegen sie mobilisiert. Dem allem war Lena mit der ihrer Ansicht nach cleveren Methode, ihre täglichen Stadtausflüge entweder nach Schulschluss oder vom späten Nachmittag bis in den tieferen Abend hinein mit glaubhaften Anlässen zu begründen, zuvorgekommen.

Die würden alle große Augen machen, die Eltern und Geschwister daheim, der Jugendkreis und die ganze Gemeinde und eine Menge anderer Leute, die die liebe Lena bisher immer für ein so braves Mädchen gehalten hatten. Im Gymnasium würde das nicht weiter auffallen. Das wollte sie in jedem Fall bis zum Abitur durchhalten. Und allein in ihrer Klasse gab es mehrere Mitschülerinnen, die längst zu ihren Freunden gezogen waren.

Mit ihnen gleichzuziehen, war nach Lenas Ansicht längst an der Zeit. Sie wollte ihre Freiheit und Tim. Und jetzt mussten kurzerhand Nägel mit Köpfen gemacht werden. Sie warf einen letzten Blick in die Runde ihres Zimmers. Nichts vergessen? Die Bibel und das Losungsbüchlein auf dem Nachttisch wollte sie eigentlich liegen lassen.

Doch im letzten Augenblick entschloss sie sich anders und packte beides oben in die noch nicht geschlossene der beiden Taschen. Dann zog sie den Reißverschluss zu, griff mit jeder Hand eine Tasche und rannte die Treppe hinunter. In der offenen Garage verschnürte sie das Gepäck mit einer Wäscheleine fest auf dem hinteren Lastenaufleger ihres Mofas.

Dann lief sie schnell zurück in die Küche, um den knapp und bestimmt, aber nicht zu lieblos formulierten Abschiedsbrief auf dem Tisch zu hinterlassen. Die wichtigsten Sätze darin waren die beiden letzten: »Bitte habt Verständnis für mich und lasst mich endlich erwachsen werden! Meine neue Adresse bekommt ihr von mir in den nächsten Tagen.«

Lena schwang sich auf das Zweirad, trat den Motor an und rollte los. Sie atmete tief. Das war gutgegangen. Von jetzt ab begann für sie ein völlig neues Leben. Ein Leben, in dem nur noch eine zu bestimmen hatte: Lena. Sie lenkte ihr Mofa in Richtung Tiergarten.

Die drei Häuser bildeten eine Gruppe jener Mietskasernen, die Anfang der fünfziger Jahre an vielen Stellen errichtet worden waren. Jetzt stand hier irgendwann in nächster Zeit der Bau einer Schnellstraße an. Deshalb waren die Gebäude von ihren Bewohnern bereits verlassen worden, jedes mit drei übereinanderliegenden Wohnungen links und rechts sowie dem Treppenhaus in der Mitte und großen Trockenböden unter dem Dach.

Zufällig war Lena vor etlichen Wochen dabei gewesen, als zwei Männer vom städtischen Liegenschaftsamt nachmittags aufgekreuzt und mit den Hausbesetzern in eine Diskussion eingestiegen waren. Vor der Eingangstür des mittleren Hauses hatte das alles stattgefunden. Längst nicht alle waren gekommen, um mitzureden. Aber aus jedem Haus waren einige dabei.

Die beiden Beamten hatten zunächst energisch darauf hingewiesen, dass die Gebäude sich im Besitz der

Landschaftsbehörde befänden, zum Abbruch bestimmt seien und niemand berechtigt sei, darin noch zu wohnen. Nach einigen unwirschen Antworten der jungen Leute jedoch gab es die Erklärung, dass vonseiten der Stadt wie auch der Landschaftsbehörde vorläufig auf jegliche gewaltsame Räumungsmaßnahme verzichtet werde.

Wenn jedoch der Zeitpunkt des Abbruchs herannahe, um Platz für den Straßenbau zu machen, werde man etwa vier Wochen vorher Bescheid geben, und dann müssten die Häuser binnen vierzehn Tagen geräumt sein. Bis dahin trage jeder seine eigene Verantwortung, und niemand könne gegenüber der Stadt oder der Landschaftsbehörde einen Rechtsanspruch auf Instandhaltung oder Ver- und Entsorgung geltend machen.

Dass somit amtlicherseits eine gewisse Billigung des Wohnzustands vorlag, in dem Tim und die anderen sich befanden und in den sie sich nun ebenfalls hineinbegeben wollte, beruhigte Lena ein wenig. Denn jeglicher Zusammenstoß mit der Polizei, auf den manche aus dem bunten Häuflein in den drei Häusern zuweilen ziemlich versessen zu sein schienen, war ihr zuwider – auch um ihrer Eltern und Geschwister willen.

Mit den örtlichen Versorgungsbetrieben hatten sich die Hausbesetzer über elektrischen Strom und Wasser geeinigt, selbst die Müllabfuhr bediente die drei Gebäude weiterhin, und so herrschte ein Minimum an äußerer Ordnung. Geheizt wurde in allen möglichen alten Öfen, die man sich vorwiegend an den Sperrmüllterminen zusammengesucht hatte.

Einige waren nachts ständig dabei, Holzstücke aller Art und Größe sowohl von sonstigen Hausabbruchstellen der Stadt als auch aus dem nahe gelegenen Wald des Tiergartenbereichs zusammenzutragen. Die Kellerräume der drei Häuser waren durchweg gut gefüllt. Niemand brauchte zu frieren.

Als Lena ihr Mofa vor der Tür des ersten Hauses abstellte und die Taschen aus der Verschnürung befreite, hatte es ein wenig zu regnen begonnen. Niemand war auf der schmalen Zufahrtstraße zu sehen. Keuchend kam sie mit ihrem Gepäck im dritten Stock an. Sie ging durch den Flur der linken Wohnung. Die Küchentür stand offen. Niemand war zu sehen. Aus einem der Räume fetzte ein wirres Gemisch aus Schlagzeug und Synthesizer sowie eingeflochtenen schrillen Schreien durch die Tür.

Lenas Nase nahm hier frischen Kaffee, dort indische Räucherstäbchen und am Ende des Gangs schlichten Budenmief wahr. Sie klopfte an die hinterste Tür und trat, ohne abzuwarten, ein. In einem großen Wohnzimmer hockten in der Mitte auf einem Viereck alter Matratzen drei Burschen und zwei Mädchen und rauchten. Um was es sich handelte, konnte Lena erraten. Sie selbst hatte bis jetzt jeden Stoff einschließlich Alkohol entschieden abgelehnt. Ihr genügte Tim.

Man nahm sie mit einem kurzen Blick wahr und sagte kein Wort. Sie ging zu einer Türöffnung, in der nur ein aus einer alten Sofadecke bestehender Vorhang hing. Dahinter traf sie Tim in seiner Lieblingshaltung: in sich zusammengesunken auf seiner Matratze bei Kerzenlicht, die Kopfhörer in den Ohren und die Augen geschlossen. Sein Körper wippte leicht im Rhythmus.

Er spürte die leichte Erschütterung, als Lena die Taschen auf den Boden warf, öffnete die Augen und nahm den Kopfhörer ab. Er schaute sie mit einem Lachen in den Augenwinkeln an und sagte kein Wort. Das war es, was sie so an ihm faszinierte. Er kam nie von sich selber auf sie zu. Stets war ihre Aktivität gefordert, sie musste sich alles bei ihm holen. Sie war allezeit in dem Bewusstsein, Herr der Lage zu sein. Er machte mit. Und Lena nahm sich, was sie wollte. Dies war der grundlegendste Unterschied zu ihrer Situation daheim.

Viel Gespräch fand zwischen Lena und Tim eigentlich nicht statt. Sie tauschten mehr Zärtlichkeiten als Worte aus. Auch das war ein Gegensatz zum Elternhaus, in dem sie zwar nicht über Mangel an persönlicher Zuwendung zu klagen hatte und sich durchweg wohlfühlte, wo es aber auch täglich Meinungsaustausch und Diskussionen gab. Und in Entscheidungsfragen herrschte zwischen Eltern und Kindern, solange sie zurückdenken konnte, eine klare Autoritätsstruktur.

Damit sollte es nun vorbei sein. Keineswegs beabsichtigte sie, die Verbindung zur Familie völlig abzubrechen. Aber sie alle hatten endlich zu akzeptieren, dass sie jetzt erwachsen war und ihr Recht auf ein eigenes Leben und eine eigene Entwicklung durchsetzte. Bei Tim fühlte sie sich wohl und nirgends eingeengt.

Ein wenig fürchtete sie nur den nächsten Vormittag, an dem sie mit ihm ein ernstes Thema anschneiden musste. Sie wusste nicht, wie er reagieren würde. Aber bei dem anständigen Charakter, den sie bei ihm bislang festgestellt hatte, konnte eigentlich nichts schief gehen.

Als sie am Morgen wach wurde, bemerkte sie als Erstes, dass Tim nicht mehr neben ihr lag. Sie war allein im Raum. Beim Hinausgehen zur Toilette fiel ihr auf, dass das Wohnzimmer hinter dem Vorhang leer war. Tim beschäftigte sich in der Küche. »Bringe gleich Frühstück rüber«, sagte er, als sie hereinschaute.

Sie kroch wieder auf das Matratzenlager, griff dann aber zu einer ihrer noch gefüllten Reisetaschen und zog die Bibel mit dem Losungsbüchlein heraus. Sie schlug den Text des Tages auf und prallte ein wenig zurück: »Ein Auge, das den Vater verspottet und den Gehorsam gegen die Mutter verachtet, das werden die Raben des Baches aushacken und die Jungen des Adlers fressen.« So lautete die Losung aus den Sprüchen Salomos. Darauf folgte der Lehrtext aus dem Epheserbrief: »›Ehre deinen Vater und deine Mutter‹, welches das erste Gebot mit Verheißung ist, ›damit es dir wohl ergehe und du lange lebest auf der Erde.‹«

Lena klappte das Losungsbüchlein zu. Sie hatte keine Lust mehr, auch noch den Liedvers zu lesen. Bevor sie zu weiterem Nachdenken kam, hörte sie Tims Schritte vom Wohnzimmer her. Als er mit einem kleinen Tablett in den Händen durch den Vorhang trat, stopfte sie gerade ihre Literatur wieder in die Reisetasche.

Er hatte jedem zwei Marmeladenbrote und ein Spiegelei gemacht. Bei der zweiten Tasse Kaffee fasste sie sich ein Herz und sagte: »Tim, ich muss dir was Wichtiges sagen.« Der hob kurz den Blick: »Hm?«

»Ich war vorgestern beim Arzt. Du wirst Vater …« Aus seinem Gesicht wich die Farbe. Er starrte sie mit weit aufgerissenen Augen an. Seine Lippen bewegten sich tonlos. Dann stieß er hervor: »Du bist wohl wahnsinnig!«

Lena nahm ihm die Initiative aus der Hand und sprach weiter: »Das muss uns vor ungefähr acht Wochen passiert sein, du weißt ja, nach unserer einwöchigen Pause, nach dem …«

»… nach dem Überfall auf dich im verschneiten Tiergarten nachts um elf!«

Jetzt hatte er ihr das Wort abgeschnitten, und sie brachte keins mehr hervor. Das war die schlimmste Erinnerung ihres bisherigen Lebens. Sie hatte das alles nur daheim vertuschen können, weil sie von Freitagnachmittag bis Sonntagabend unterwegs gewesen war – angeblich mit Jungen und Mädchen einer Christengemeinde aus dem Rheinland in einer Jugendherberge an der Mosel. In Wirklichkeit war sie bei Tim gewesen.

An jenem Samstag hatte sie spätabends noch Lust bekommen, allein einen Spaziergang durch den Tiergartenwald zu machen. Dort war sie von einer männlichen Gestalt aus ihren Träumereien gerissen, zu Boden geworfen, geschlagen, gewürgt und vergewaltigt worden. Das alles hatte sich in nassem Schnee abgespielt. Der Mann war anschließend im Laufschritt in Richtung Stadt verschwunden.

Lena war schluchzend und völlig durchnässt bei Tim angekommen. Einige Mädchen aus der Wohngemeinschaft nahmen sich ihrer an, hüllten sie in schmuddelige Wolldecken und brachten ihre Kleidung wieder in Ordnung.

Spuren im Schnee zu suchen oder die Verfolgung des Täters aufzunehmen, kam für niemand infrage. Das hätte zwangsläufig zu einer Kooperation mit der Polizei geführt, und so etwas war in diesen Kreisen schlicht undenkbar. Tim und drei weitere Kameraden, einer davon aus dem Nachbarhaus, hatten zunächst versucht, aus Lena eine halbwegs brauchbare Täterbeschreibung herauszubekommen. »Wir werden den Typ vielleicht in der Stadt auftreiben«, hofften sie, »und dann kann er was erleben!« Aber die Dunkelheit und die Schockwirkung machten es Lena unmöglich, entsprechende Einzelheiten zu nennen. Dabei blieb es.

Nach diesem grausigen Vorfall dauerte es keinen vollen Tag, bis sich Lena mit mehr Hingabe als je zuvor in Tims Arme warf. Als sie am Sonntagabend spät in wiederhergerichteter Kleidung heimkehrte, zog sie sich, Müdigkeit vorschützend, schnell in ihr Zimmer zurück. Ihre Mutter bemerkte nichts.

»Woher willst du denn wissen, dass ich wirklich der Vater bin?« Tims Worte trafen sie wie ein Peitschenhieb und rissen sie aus ihren Erinnerungen in die Gegenwart zurück.

»Wie bitte?« Lena verstand die Welt nicht mehr. »Ist das jetzt zwischen uns ein Diskussionspunkt?«

»Nee, eigentlich nicht«, brachte Tim in gehetztem Ton hervor, »das Kind kommt weg, einfach weg, so schnell wie möglich! Dann haben wir nichts mehr zu diskutieren.«

Lena fuhr aus der Haut. »Jetzt muss ich dich mal fragen: Du bist wohl wahnsinnig?«

Tim riss von einer Stuhllehne seine mit Kunstpelz gefütterte Lederjacke, drehte sich auf dem Absatz um und stürmte hinaus. Sie kauerte sich in ihre Matratzenecke und ließ mit leisem Schluchzen ihren Tränen freien Lauf.

Sie wusste nicht, wie lange sie so da gehockt hatte, als ein Mädchen aus der Wohngemeinschaft sie an der Schulter berührte und sagte: »Komm zum Mittagessen, wir haben noch 'n Teller Suppe für dich.« Lena schüttelte den Kopf. »Danke, ich will jetzt nichts.« Irgendwann nach einer Weile hörte sie eilige Schritte von draußen.

Tim stieß den Vorhang beiseite, warf seine Jacke in eine Ecke und stürzte auf Lena los. Ohne ein Wort riss er sie am Arm hoch. Dann spürte sie Schläge an beiden Seiten des Kopfes. Sie riss schützend die Arme hoch. Da trafen die nächsten Schläge sie mitten ins Gesicht. Das alles endete mit einem fürchterlichen Stoß in den Unterleib.

Sie knickte in sich zusammen, lag gekrümmt am Boden und rang unter glühenden Schmerzwellen nach Luft. Aus ihrer Lage heraus konnte sie erkennen, wie es in der Nähe des Türdurchgangs ein Handgemenge gab. In den anderen Räumen mussten sie etwas bemerkt haben. Sie waren herbeigeeilt und hatten sich auf Tim geworfen. »Hör auf, du blöder Hund!«, hörte Lena eine Stimme aus dem Durcheinander. Dann war plötzlich Ruhe. Tim schien aufgegeben zu haben.

Sie wunderte sich über sich selbst, wie hellwach sie trotz der Schmerzen und der Atemnot alles um sich herum wahrnahm. Dieselbe Männerstimme fuhr fort: »Zeig mal her! Was hast du da in der Tasche? 'n Schnapsschoppen, und den fast leer! Kein Wunder, von Schnaps wurdest du schon immer frech.« Dann gab es drei oder vier hart klatschende Geräusche blitzschnell hintereinander. Tim schrie kurz auf, gab danach noch einen gurgelnden Laut von sich.

Zwei Mädchen hockten plötzlich neben Lena, fassten unter ihre Achselhöhlen und versuchten, die Zusammengeschlagene vorsichtig aufzurichten. Sie stöhnte auf und schüttelte wieder den Kopf. Dann griffen zwei junge Männer mit zu. Sie trugen Lena, die erneut von Schmerzwellen durchrast wurde, durch den Flur und hinüber in die andere Hälfte des Hauses.

Während sie aus dem Wohnzimmer hinausgeschleppt wurde, nahm Lena noch wahr, dass Tim am Fenster mit dem Rücken zu ihr auf einem Stuhl vornüber gebeugt saß und sich offenbar die Hände in den Magen presste.

In der anderen Wohnung legten sie das Mädchen auf eine vergammelte, aber angenehm weiche Couch. Hier rollte es sich wieder zusammen und legte sich auf die Seite mit dem Gesicht zur Wand. Eine der beiden, die hier zu wohnen schienen, sagte: »Jetzt bleib mal 'ne Weile ganz ruhig liegen. Wenn irgendwas schlimmer wird, sag Bescheid. Dann rufen wir 'nen Arzt.« Mit großer Kraftanstrengung hauchte Lena: »Danke.«

Nach etwa zwei Stunden ließen die Schmerzen nach. Lena drehte sich auf die andere Seite. Im Licht einer trüben Glühbirne konnte sie erkennen, dass sie gerade allein im Raum war. Auf einem Stuhl und einem Teil des Tisches in der Mitte häuften sich ihre Habseligkeiten, die beiden Taschen standen am Boden. Dankbar registrierte sie, dass die zwei jungen Frauen bereits drüben in Tims Bude gewesen waren und sämtliche Sachen für sie herübergeholt hatten.

Es dauerte nicht lange, da ging die Tür auf. Die beiden Wohnungsinhaberinnen und zwei junge Männer mit weit über den Rücken hängenden Haaren kamen herein. Der eine ging in eine Ecke, drückte einen Schalter, und eine nackte Neonröhre an der Wand tauchte den Raum in fahles Licht.

Die Männer nahmen auf den Stühlen Platz. Ein Mädchen setzte sich aufs freie Fußende der Couch. Die andere hockte sich auf den durchgeschabten Teppich. »Hör mal, Kleine, das war nicht nett von dem Kerl«, begann der eine Langhaarige das Gespräch. Das Mädchen auf dem Fußboden fuhr fort: »Zu dem wirst du nicht zurückdürfen.« Ihre Kameradin am Fußende der Couch bekräftigte: »Auf gar keinen Fall!«

Nach kurzem Schweigen nahm der erste das Wort wieder auf. Leise sagte er: »Du bist nicht der erste Fall, mit dem der Tim sowas gemacht hat. Wir werden den hier rausschaffen müssen ...«

Lena richtete sich langsam auf und setzte sich leicht vorgebeugt auf die Couch, wobei sie gegen Übelkeit und Tränen anzukämpfen hatte.

»Die Frage ist jetzt«, las das Mädchen am anderen Ende der Couch Lenas Gedanken, »wie's mit dir weitergehen soll. Hier in unseren Häusern sehen wir deine Sicherheit nicht mehr garantiert. Was hast du vor? Willst du wieder nach Hause?«

Spontan schaute Lena auf und keuchte: »Nein!«

»Haben wir uns gedacht«, fuhr das Mädchen fort. »Es ist jetzt später Nachmittag. Die drei hier machen erst mal Abendbrot, und du versuchst, etwas zu essen. Ich geh los und hör mich für dich nach was Gutem um.«

Sie stand auf, warf sich einen Mantel um die Schultern und ging zur Tür. »Bin bald wieder da.«

Nach knapp einer Stunde war vor dem Haus das Geräusch eines Autos zu vernehmen. Dann kam das Mädchen mit einer gut aussehenden, überaus gepflegt gekleideten, selbstbewussten jungen Frau, die zwischen 25 und 30 Jahre alt sein musste, herein.

Lena saß mit den anderen am Tisch, rührte aber noch keinen Bissen an. Die Fremde musterte Lena von oben bis unten mit einer gewissen Anteilnahme im Blick und sagte: »Du siehst noch ziemlich käsig aus. Aber es scheint dich nicht zu schlimm erwischt zu haben. Sonst säßest du nicht hier.«

Das Mädchen, mit dem die Frau gekommen war, erklärte: »Sie hat ’ne prima Bleibe für dich und nimmt dich in ihrem Wagen mit. Kommst du mit?« Lena nahm alle Kraft zusammen und sagte leise: »Ich weiß ja noch gar nicht, wohin …«

Die Gutgekleidete verzog keine Miene und gab Auskunft: »Wenn du willst, nehmen wir dich ins Frauenhaus auf. Fast alle bei uns sind Frauen, die von ihren oder anderen Männern gewalttätig behandelt wurden. Über Kosten und Dauer deines Aufenthalts reden wir später. Vorerst kannst du zu uns kommen. Wir haben noch Platz für dich. Bei uns bist du auf jeden Fall vor jeglicher Männerbrutalität sicher.«

Lena schwieg zunächst, weil ihr in dem Augenblick keine Antwort einfiel. Die Vertreterin des Frauenhauses bemerkte das und fuhr fort: »Ich sehe, das kommt jetzt sehr plötzlich auf dich zu. Aber nun schau mich einmal an, und ich bitte dich, zu mir Vertrauen zu haben. Du wirst dich bei uns wohlfühlen, das verspreche ich dir!«

Nach einigen weiteren Sekunden des Schweigens nickte Lena. Die beiden Mädchen packten ihr die Sachen in die Taschen und nahmen sie dann, da sie noch wankend auf den Beinen war, in die Mitte, indem sie ihre Arme bei ihr einhakten. Die jungen Männer trugen die Reisetaschen. Einer von ihnen sagte: »Gib mir mal den Schlüssel von deiner Mofa-Kette. Dann bringe ich dir das Ding hinterher.« Lena langte in die Hosentasche und gab ihm den Schlüssel.

Vor dem Haus stieg sie unter einiger Mühe und immer noch nachwirkenden Schmerzen in den kleinen französischen Wagen. Bevor die Türen zugeschlagen wurden, sagten die Mädchen: »Mach's gut!« »Lass mal von dir hören!« Lena antwortete: »Vielen Dank für alles …« Dann ging die Fahrt los.

Der Wagen war von besonders weicher Federung und verursachte bei Lena in jeder schärferen Kurve neue Schmerzen. Es ging mitten durch die Stadt, unter anderem, zu Lenas großem Schrecken, an ihrem Elternhaus vorbei. Sie sah, dass die Fenster hell erleuchtet waren. Schon bogen sie um die nächste Ecke.

Die kurze Reise endete am Stadtausgang in einem alten Park. Die neue Freundin hatte ihr Fahrzeug durch ein offen stehendes altes Eisentor gesteuert und hielt vor einer schmucken alten Villa an.

Lena wurde in ein Zimmer im ersten Stock hinaufgeführt. Die Begleiterin half ihr beim Tragen der Sachen. Sie platzierte das Mädchen auf einem mit Plüsch gepolsterten Stuhl und sagte: »Warte eine Minute, ich hole Bettwäsche für dich, und dann beziehe ich dir dein Bett für die Nacht.«

Als sie draußen war, schaute Lena sich um. Das Zimmer hatte durchweg, wenn auch nicht immer ganz konsequent, eine nostalgisch-alternative Einrichtung. Sie war sich nicht sicher, ob sie den Stil als behaglich oder irgendwie abstoßend empfinden sollte.

Auffallend war, dass zwischen der Wohngemeinschaft hinter dem Bahndamm und diesem Haus der Hauptunterschied in der Ordnung bestand. Hier hatte alles seinen festen Platz, seinen Sinn und seine Sauberkeit. Aber irgendetwas, das Lena beim besten Willen nicht zu definieren wusste, ließ ein angedeutetes Frösteln über ihren Rücken kriechen.

Die junge Frau kam mit blütenweißer Bettwäsche zurück und machte sich an einem der zwei im Raum gegenüberliegenden Betten an die Arbeit. Dabei begann sie zu fragen: »Jetzt erzähl mir mal kurz, wie du heißt, woher du kommst und wie eine wie du in so eine Wohngemeinschaft dort am Tiergarten geraten ist.«

Lena berichtete knapp über ihr Verhältnis mit Tim, ihr Ausbrechen aus dem Elternhaus und fragte zum Schluss schüchtern: »Wie heißen Sie eigentlich und was machen Sie hier?« Die Betreuerin war mit dem Beziehen des Bettes fertig, setzte sich dem Mädchen gegenüber auf einen anderen Stuhl, nahm eine Zigarette heraus und zündete sie an. »Ich heiße Sophie, bin 28 Jahre alt, von Beruf Sozialarbeiterin, arbeitslos, lebe vom Sozialamt und gehöre hier zum Frauenhaus.«

Nach einigen weiteren Fragen erfuhr Lena, dass das Frauenhaus eine von der Frauenbewegung geschaffene

Einrichtung vor allem für gewalttätig behandelte Frauen jeglichen Alters war.

»Du hast an und für sich ein ziemlich intaktes Elternhaus, und ich bin nicht recht begeistert, dass du von dort ausgerissen bist«, erklärte Sophie ihrem neuen Schützling unverblümt, »aber im Augenblick steckst du in einer Situation, in der wir für dich zuständig sind.«

»Meinen Sie denn, dass ich wieder zu meinen Eltern gehen sollte?«, fragte Lena ein wenig ängstlich.

»Wenn ja, dann nicht sofort«, antwortete Sophie. »Für die meisten Leidensgenossinnen ist dieses Frauenhaus eine ziemlich kurzfristige Durchgangsstation und keine Dauerbleibe. Zuerst sollte das Problem deiner Schwangerschaft gelöst werden. Du scheinst – wenn ich dich recht verstanden habe, kommst du aus einem stark religiös geprägten Elternhaus – dich noch intensiv darauf einstellen zu müssen, dass du dich von jedem Gedanken an so etwas wie Mutterschaft trennst.«

»Sie meinen, ich soll …?«

»Ja, genau das: Abtreiben nennt man das im Volksmund«, sagte Sophie mit festem Nachdruck in der Stimme. »Wir haben hier in der Stadt am Kreiskrankenhaus einen Frauenarzt, den Dr. Angelus. Der macht das fachmännisch und einwandfrei. Und nach ein paar Wochen hast du den ganzen Kummer vergessen. Übrigens kannst du Sophie zu mir sagen. Wir duzen uns hier im Hause alle.«

»Ich glaube nicht, dass ich mein Kind abtreiben werde. Obwohl …« Lena stockte. Sophie hakte leise nach: »Was denn, ›obwohl‹?« Sie sah in Lenas Mienenspiel, wie sie sich zum Weitersprechen überwinden musste.

»Da war noch etwas«, begann Lena, »wovon ich vorhin nichts gesagt habe. Ich bin nämlich vor Wochen im Tiergartenwald vergewaltigt worden. Und ich weiß nun nicht …«

»Das ist ja noch schöner! Jetzt kannst du nicht genau die Herkunft des Kindes sagen«, stellte Sophie fest, »das ist doch schließlich der wichtigste Grund, die Sache kurz und schmerzlos zu beenden. Wenn du das verweigerst und die Schwangerschaft austrägst, bist du an Dummheit nicht mehr zu überbieten, und du wirst auch auf unsere Hilfe nicht mehr rechnen können.«

»Seid ihr hier denn alle grundsätzlich für Abtreibung?«

»Das kann man so nicht sagen. Du wirst morgen feststellen, dass hier bei uns auch einige Mütter mit ihren Säuglingen leben. Die hatten sich zusammen mit ihren Partnern, teils in ehelicher und teils in freier Gemeinschaft, fürs Kinderzeugen entschieden. Bei uns sind sie jetzt, weil es später dann zu Hause Prügel gegeben hat. Aber wenn eine Frau liebt und ohne Wunsch und Wollen dabei was ansetzt, dann muss sie auf jeden Fall die Freiheit haben, das auch wieder loszuwerden und es nicht ein ganzes Leben lang mit herumschleppen zu müssen. Ganz besonders dann, wenn die Schwangerschaft auch noch das Produkt einer Gewalttat ist.«

»Was Sie da sagen, ich meine, was du da sagst, ist alles ziemlich logisch«, sagte Lena, »aber gib mir noch ein wenig Zeit zum Nachdenken. Außerdem hab ich mal in unserer Jugendstunde gehört, wie der Prediger betont hat, der Kummer sei so schnell nicht vergessen. Abtreibung ziehe meistens Depressionen oder andere seelische Störungen nach sich.«

In Sophies Stimme kam ein schriller Ton: »Das ist doch alles Nonsens, religionsbedingtes Vorurteil! Von sowas musst du frei werden, gründlich frei! Wir helfen dir dabei.«

Lena fühlte plötzlich eine schwere Müdigkeit und fragte: »Darf ich jetzt ins Bett? Ich glaube, für heute ist es zu viel …«

»Aber selbstverständlich«, erklärte Sophie und stand auf. »Jetzt ruh dich erst mal gut aus bis morgen. Ich wecke dich um kurz nach halb acht. Um acht frühstücken wir gemeinschaftlich im Esszimmer. Und nun tu mir den Gefallen: Mach keinen Unsinn, keine Kurzschlusshandlung, und lauf nicht einfach weg. Lass uns morgen weiter über alles reden. Und eines musst du immer wissen: Hier bei uns geschieht mit dir nichts ohne dein Einverständnis!«

Lena empfand ein wenig Geborgenheit und versuchte schüchtern, etwas davon auszudrücken. »Bei euch hier ist es so ganz anders als bei uns drüben in der Wohngemeinschaft«, sagte sie, »irgendwie viel sauberer und ordentlicher.«

Über Sophies Gesicht flog ein sekundenlanges Lächeln: »Wir geben uns hier etwas Mühe, die Bude jedermann vorzeigen zu können. Leider sieht es so nicht in allen Frauenhäusern aus …«

»Darf ich sowas wie ›danke‹ sagen?«

Sophie drehte sich um. In der Tür sagte sie: »Gute Nacht, schlaf schön!«

*

Der Wahlkampf ging in seine heiße Phase über. »Plakate aller Parteien sieht man ja genug in der Stadt«, stellte der Abgeordnete Dr. Christian Bremer fest, »aber weshalb nur auf parteieigenen Ständern und nirgends auf Litfaßsäulen oder anderen großen Werbeflächen?«

Clemens Schwenninger, Richter am Arbeitsgericht und örtlicher Bezirksvorsitzender der Freiheitlichen Partei, antwortete: »Ihr da draußen in der Hauptstadt und in allen anderen Regionen des Landes habt es mit großen Werbekonzernen zu tun. Wir haben hier die besondere Situation, dass ein einziges großes Privatunternehmen die gesamte Plakatwerbung im Stadtbereich und darüber hinaus im Landkreis in die Hand bekommen hat.«

Der Abgeordnete unterbrach den Parteifreund: »Willst du damit sagen, dass diese eine Firma an der Politik nichts verdienen möchte? Wahlkampf bedeutet doch überall für die Werbefirmen Hochkonjunktur.« Schwenninger hielt entgegen: »Das ist bei uns tatsächlich so, dass diese Firma, die STAREK, es sich leisten kann, uns gänzlich auf die eigenen Plakatständer abzuschieben – und damit am Ende auch erstaunlich unabhängig zu sein«, setzte Bremer fort.

Sie hatten den großen Wagen im Parkhaus abgestellt und legten den Weg zur Fußgängerzone, wo der Abgeordnete eine öffentliche Wahlrede halten wollte, zu Fuß zurück. Es war Samstagmorgen. Dichte Menschenmassen wälzten sich zur Oberstadt hinauf und von dort wieder herunter. Der Sonnenschein und die frühlingshafte Luft taten das Ihre hinzu.

»Alles gut vorbereitet?«, wollte Bremer wissen und schwenkte ein wenig übermütig seine Aktentasche. Schwenninger: »Ich denke, ja. Die Presse ist auf elf Uhr bestellt. Wir sind ein wenig früh. Vorher kannst du noch Prospekte und Broschüren mit uns verteilen oder 'n paar Autogramme geben.«

Aus der Menge ragte ein kleines Sonnendach aus grellbuntem Segeltuch, ringsum bestückt mit ebenso bunten Papierfähnchen, auf denen in der Mitte das Emblem der Freiheitlichen Partei prangte. Die beiden Politiker steuerten den Stand an und hatten einige Mühe, sich durch das Gedränge zu schieben.

»Großartig«, brummte der Abgeordnete dem Bezirksvorsitzenden zu, »genau der richtige Tag für uns!«

Von irgendwoher drang über das Gewühl hinweg an ihre Ohren eine laute Stimme: »Ob Sie mir das jetzt glauben oder nicht: Gott lässt sich dadurch nicht beeinflussen! Gott ist lebendige Realität! Er sandte seinen Sohn Jesus Christus ...«

Schwenninger wandte sich dem Abgeordneten zu: »Wir haben da ein wenig Platzkonkurrenz. Das sind die von der hiesigen Heilsarmee. Die stehen fast jeden Samstag hier und predigen. Aber wenn du nachher an die Reihe kommst, halten die still. Ich spreche mit denen. Die sind sehr friedlich.«

Wieder hörten sie unwillkürlich auf die alles übertönende Stimme von der anderen Straßenseite: »Der Sohn Gottes ist auf diese Erde gekommen, um sich deiner und meiner Nöte anzunehmen. Erzähl mir bloß nicht, du hättest keine Nöte! Hätte diese Welt und hätten wir alle keine Nöte, dann hätten wir jetzt auch keinen Wahlkampf. Denn dann hätten die Herren Politiker ja nichts mehr zu verkaufen. So aber können sie sich uns immer noch als die großen Retter in der Not anpreisen, damit sie unsere Stimmen kriegen! Dagegen ist ja auch nichts zu sagen. Wichtig aber ist für uns vor allem anderen, dass Jesus Christus unsere Stimme bekommt. Wir müssen uns für ihn entscheiden! Die Bibel sagt: ›So viele ihn aber aufnahmen, denen gab er das Recht, Kinder Gottes zu werden, denen, die an seinen Namen glauben!‹«

Einige Passanten blieben stehen und hörten dem Prediger in der dunklen Uniform zu. Die meisten aber trieben in der Menge vorbei. Als der Glaubenssoldat seine Rede beendet hatte, stimmten acht hinter ihm stehende Heilsarmisten mit Gitarrenbegleitung ein Lied an: »Möchtest du frei sein von Schuld, ganz frei, wirklich frei, lass Jesus hinein in dein Herz …!«

Die beiden Politiker schalteten innerlich um und stellten sich ganz auf die Aufgabe ein, die vor ihnen lag. Am Werbestand trafen sie ein halbes Dutzend Freunde von der örtlichen Parteibasis, die ihnen kräftig die Hände schüttelten.

Der Abgeordnete schaute auf seine Armbanduhr. »Noch gut zehn Minuten, bis es losgeht«, sagte er und griff sich vom Tisch unter dem Sonnendach einen Stoß Wahlbroschüren, um sie unter die Vorbeigehenden zu verteilen. Kurz darauf fand sich der erste, mit zwei Kameras behängte junge Mann ein. Eine Minute später gesellte sich ein anderer hinzu, der umständlich aus einer großen Tasche seine Kamera und ein Blitzgerät hervorkramte und die Teile zusammenmontierte.

Clemens Schwenninger fischte sich seinen Abgeordneten aus der Menge, wo er bereits in lebhafte Diskussionen mit Bürgern verwickelt war, und sagte: »Komm, 's kann losgehen. Die Presse ist da.«

Die heimischen Helfer von der Freiheitlichen schoben einen kleinen freien Kreis vor dem Werbestand offen. Clemens Schwenninger griff zu einem Mikrofon. Aus zwei auf dem Broschürentisch aufgestellten Lautsprechern hörte man seine Stimme: »Meine verehrten Damen und Herren! Ich darf heute Morgen unseren Abgeordneten, den Ihnen allen bekannten Herrn Dr. Christian Bremer, in unserer Mitte begrüßen. Er wird jetzt das Wort an Sie richten.« Damit übergab er das Mikrofon an den Gast und trat zur Seite.

Bremer gab sich gut gelaunt und ging sogleich aufs Ganze: »Meine Damen und Herren! Der geschätzte Redner drüben von der Heilsarmee hat vorhin ein wahres Wort gesagt. Wir Politiker haben in der Tat etwas zu verkaufen. Unsere Politik ist eine Ware, die Sie als Bürger uns nur dann abkaufen, wenn sie gut ist! Wir von der kleinsten der drei im Parlament vertretenen Parteien haben schon immer unter Beweis gestellt, dass die Richtigkeit politischer Entscheidungen nicht von Wählerzahlen und Volksmassen abhängt, sondern aus der Eigendynamik gesunder Logik geboren wird. Genau dies war von Anfang an und ist bis heute die besondere Stärke unserer Partei, die Ihnen, wenn Sie sie wählen, auch weiterhin in unserem Land eine gegen allen Dirigismus und gegen alle staats- wie auch religionsautoritären Bestrebungen gerichtete freiheitliche Politik garantieren wird! In der Marktwirtschaft wie in der Bildungspolitik, in den sozialen Fragen wie in Ethik und Moral steht für uns obenan immer die freie Entscheidung des Individuums, gegründet auf eine bewährte demokratische Ordnung! Ich danke Ihnen!«

Aus den Reihen der Umherstehenden wurde kurzer Applaus hörbar, der aufgrund der akustischen Verhältnisse sehr dünn wirkte. Clemens Schwenninger griff noch einmal zum Mikrofon und rief: »Sie alle, meine Damen und Herren, wissen sehr gut, dass zwischen den großen Parteien die eine kleine Partei als ausgleichender Faktor erhalten bleiben muss. Andernfalls macht man in der Hauptstadt zu leicht mit den Bürgern, was man will. Deshalb rufen wir Sie auf: Geben Sie am übernächsten Sonntag dem Abgeordneten Dr. Bremer Ihre Stimme!«

Sie bekamen nicht mit, dass auf der anderen Straßenseite eine ältere Heilsarmeesoldatin zu ihrer Truppe sagte: »Wenn die da hinten mit dem Schwadronieren fertig sind, dann wartet noch ein bis zwei Minuten und stimmt ein neues Lied an. Derweil geh ich mal rüber zu denen und werde ein Wörtchen mit ihnen reden. Mit dem Clemens habe ich sowieso noch ein Hühnchen zu rupfen.«

Herta Angersbach schob sich durch die Menge, beobachtete aus einigen Metern Entfernung den Bezirksvorsitzenden der Freiheitlichen und wartete, bis er gerade eines seiner überbetont freundlichen Bürgergespräche beendet hatte, um sich mit seinen Prospekten neuen Passanten zuzuwenden.

Plötzlich stand sie vor ihm, gab ihm die Hand und sagte: »Bist ja heute besonders fleißig für die Partei, mein Junge!«

Der strahlte übers ganze Gesicht und antwortete: »Das ist aber eine Freude, dass ich meine frühere Nachbarin hier treffe! Wie nett von Ihnen, Frau Angersbach, dass Sie mal zu uns kommen! Haben Sie drüben mitgesungen?«

»Klar, mein Junge. Aber bild dir bloß nicht ein, dass ich jetzt hier mit meiner Uniform für dich Wahlreklame mache!«

Schwenninger brach in herzhaftes Gelächter aus und suchte mit den Augen in der Menge nach dem Abgeordneten. »Christian! Christian, komm mal eben her! Ich muss dir eine liebe Bekannte vorstellen!« Sofort tauchte Dr. Bremer aus der Menge auf und gab der alten Dame artig die Hand.

Sogleich drängten sich auch die von der örtlichen Parteibasis hinzu. »Hört mal, ihr beiden! Und ihr anderen auch! Ich hab mit euch ein ernstes Wort zu reden! Ihr werdet, wenn ihr so weitermacht, immer diese kleine Krabbelpartei bleiben, die ums Überleben an der Fünf-Prozent-Hürde zu kämpfen hat!«

Dr. Bremer unterbrach sie freundlich: »Wie sollen wir denn sonst weitermachen?«

»Auf eurer Partei, lieber junger Mann, kann der Segen Gottes nicht ruhen!« Die Stimme von Herta Angersbach hob sich. »Ihr seid es gewesen, die vor Jahren begonnen haben, den Paragrafen, der die Abtreibung ungeborenen Lebens verboten hat, aufzuweichen! Und das alles nur, um Stimmen zu fangen!«

Der Abgeordnete drehte sich abrupt um und verschwand mit seinen Prospekten in der Menschenmenge.

»Siehst du, Clemens«, fuhr sie fort, »das will er, das wollt ihr alle nicht gern hören!« Schwenninger machte eine abdämpfende Handbewegung und sagte leise zu der Heilsarmistin: »Aber Frau Angersbach, dieses Thema steht doch im heutigen Wahlkampf überhaupt nicht mehr zur Debatte.«

»Ich weiß, mein Junge, ich weiß! Aber diese üble Sündenlast klebt dir und deiner Partei bis heute an, und sie wird immer größer, weil immer mehr und immer mehr abgetrieben wird!«

Schwenninger wurde die Angelegenheit sichtbar peinlich, denn um ihn und die alte Heilsarmistin hatten sich etliche interessierte Zuhörer angesammelt. »Können wir nicht mal zu einem anderen Gesprächsstoff überwechseln?«, fragte er halblaut und mit bittender Geste.

»Nein, mein Junge! Dieser Gesprächsstoff liegt mir schon lange auf der Seele, weil ich dich kenne und du früher schon als kleiner Bub bei mir in die Jungschar gekommen bist und dort Gottes Wort gehört hast. Ich habe ein Recht und die Pflicht, dir das zu sagen, was du dir jetzt und hier von mir anhören musst!«

Schwenninger setzte eine Miene auf, die ausdrückte, dass er sich in das Unvermeidliche fügte. Seine umherstehenden Freunde von der Ortspartei entwickelten ein wenig Aktivität, um mit Blätterverteilen und Gesprächen dafür zu sorgen, dass sich der Zuhörerkreis um ihren Bezirksvorsitzenden und die in

Fahrt gekommene Heilsarmeesoldatin nicht noch vergrößerte.

Herta Angersbach ließ kraft ihres Alters, ihres Temperaments und ihrer Autorität dem 36-jährigen Politiker keine Chance: »Mich wundert überhaupt, Junge, wie du als Spross einer streng katholischen Familie bei dieser Partei landen konntest.« Clemens Schwenninger lachte auf und antwortete: »Das hing mit meiner pubertären Protestphase zusammen ...«

Herta lachte mit und machte eine wegwerfende Handbewegung. »Gut, mein Junge, das ist eine Erklärung. Aber eines musst du mir jetzt auch noch erklären: Was wäre aus dir als jüngstem von vier strammen Burschen geworden, wenn deine Eltern schon damals über ungeborenes Leben und über Abtreibung so gedacht hätten wie du und deine Partei?«

Schwenninger verlor ein wenig Farbe im Gesicht. Er rang nach Luft. »Sagen Sie, liebe Frau Angersbach, muss das sein? Hier und jetzt?« Sie blieb unerbittlich. »Jawohl! Hier und jetzt! Gib mir auf meine Frage eine klare Antwort!« Der Politiker hob hilflos die Schultern. »Was soll ich Ihnen darauf antworten?«

Herta Angersbach griff mit ihrer rechten Hand seine linke und hielt ihn fest wie einen kleinen Jungen. »Dann will ich dir die Antwort sagen: Du stündest nicht hier. Du wärest überhaupt nicht auf der Welt. Dich hätten sie erst gar nicht ans Licht gebracht!«

Sie ließ seine Hand wieder los. Er stand vor ihr mit keuchendem Atem. In seinen Augen glänzten Tränen. »Ist es jetzt genug?«, bettelte er. »Kann ich jetzt hier weitermachen? Ich hab doch heute noch was anderes zu tun …«

Aus Herta Angersbachs Augen traf ihn ein liebevoller Blick. »Gut, mein Junge. Ich hab's dir jetzt gesagt. Siehst du nicht endlich ein, was für einen fürchterlichen und folgenschweren Denkfehler eure Partei und die vielen anderen, die auf dieser Welle mitschwimmen, begangen haben und immer noch begehen?«

Sie wandte sich ab und strebte wieder ihren Mitstreitern auf der anderen Straßenseite zu. Die hatten unterdessen noch zwei Evangeliumslieder gesungen, und der junge Kapitän schickte sich gerade an, eine neue Kurzansprache zu halten.

»Mitmenschen«, rief er, »vor zwei Minuten hatte ich hier in der Menge ein nettes kleines Gespräch mit dem freundlichen Herrn Abgeordneten, mit Dr. Bremer. Er fragte mich, weshalb und wozu wir von der Heilsarmee eigentlich eine Uniform tragen. Er meinte, man könne seinen Glauben doch auch ohne eine derart pseudomilitärische Aufmachung vertreten. Ich möchte Ihnen allen schnell mitteilen, was ich dem Herrn Abgeordneten geantwortet habe. Die Uniform hat einen besonderen Grund. Der Gründer der Heilsarmee, General William Booth, hat die Uniform seiner Mitstreiter so gerechtfertigt: Hätte Petrus damals für seinen Herrn eine Uniform getragen, dann hätte er ihn nicht verleugnen können!«

*

Nils Brend hatte schlecht geschlafen. Entsprechend war seine Laune, als er am Morgen dieses Montags, es war der 29. April, seine Cabrio-Limousine durch den Berufsverkehr in Richtung Stadtmitte steuerte. Von der Höhe des Waldbergs her öffnete sich ihm, bevor die Straße sich in Kurven ins Tal hinunterwand, der Blick auf die Innenstadt, aus deren Mitte neben den beiden Hochhäusern der Kreisverwaltung und der Landesbehörden auch der neunstöckige Turm der Justiz aufragte.

Die Bürger der Stadt konnten dem graubraunen Kasten wegen der fantasielosen Architektur keine Sympathie entgegenbringen. Den Beamten und Angestellten war das Gebäude aufgrund seiner hermetisch geschlossenen Fenster und der schlechten Klimaanlage ein Albtraum. Nils war so mit Leib und Seele Staatsanwalt, dass er über die nicht wenigen jungen Damen hinaus, deren Zuneigung er genoss, auch seinen Wirkungsort zuweilen mit einer Liebeserklärung bedachte. »Mein steiler Zahn«, nannte er das Hochhaus.

An diesem Morgen jedoch war ihm alles andere als nach Liebeserklärungen zumute. Vor ihm lag am Vormittag ein Plädoyer in einem jener Prozesse von der widerlichsten Art. Nach neuntägiger Beweisaufnahme mit 26 Zeugen und vier Gutachtern hatte er die Bestrafung einer 23-Jährigen zu fordern, die ihr heimlich geborenes Baby in eine Plastiktüte gewickelt und in einer Mülltonne deponiert hatte, wo es tot aufgefunden worden war.

Was dem passionierten Junggesellen jedoch viel schwerer im Magen lag, war Annelie. Die meisten

Frauenbekanntschaften – manche von ihnen konnten vom Alter her die Töchter des stattlichen 48-Jährigen sein – dauerten für Nils durchweg nicht länger als zwei oder drei Wochen.

Bei der 39-jährigen Annelie Zimmerli, die aus der Schweiz stammte und als Schulkind mit ihren Eltern nach Deutschland gekommen war, sah für ihn alles ganz anders aus. An ihr hielt er nunmehr – das hatte es in seinem Leben bis dahin nicht gegeben – bereits fünfzehn Monate fest. Oder hielt sie ihn fest?

Nein. Das kam nicht infrage. Niemals! Das hatte es noch nicht gegeben, dass eine Frau einen Nils Brend festgehalten hatte. Und das würde es auch niemals geben.

Einige hatten es versucht. Vor allem jene Gerichtsreporterin vom örtlichen Heimatblatt, die es jedoch nicht nur mit ihm trieb, sondern gleichzeitig mit allen möglichen anderen Männern. Als sie, nachdem er sich in der Staatsanwaltschaft fortlaufend verleugnen ließ, zu hartnäckig immer wieder im Vorzimmer nach ihm fragte, hatte er mit seiner eigenen brachialpsychologischen Methode der Affäre ein Ende gemacht. Durch die geschlossene Bürotür hatte sie seine dröhnende Stimme vernommen: »Schafft mir endlich dieses Weib vom Hals!«

Das alles lief bei Annelie nicht. Zum einen wusste er bei ihr definitiv, dass er allein in ihrem Leben stand. Zum anderen fesselten ihn ihre Persönlichkeitsstärke und Ausstrahlung in einem Maß, das er sich nicht eingestehen wollte. Dazu war die hervorragend aussehende Brünette von einem Intelligenz- und Bildungsstand, der ihm ebenbürtig, zuweilen sogar überlegen war.

Und gestern war ihr nichts Besseres eingefallen, als ihn vom fernen Kassel her, wo sie am Wochenende ihre Eltern besuchte, per Telefon aus dem Sonntagmorgenschlummer mit der Mitteilung zu werfen: »Ich bekomme ein Kind von dir!«

Das durfte seinetwegen jedem passieren – nur ihm nicht! Ihm verschlug selten etwas die Sprache. Aber da hatte er erst einmal für etliche Sekunden geschwiegen. Sie schien blendender Stimmung zu sein und hatte mit ihrer Art von lustigem Spott nachgestoßen: »Hallo, Mickey! Ist was?«

In diesem Augenblick war er sich wirklich wie jene Comicfigur vorgekommen, mit der ihn alle Freunde und Bekannten per Spitzname identifizierten.

»Hör mal«, hatte er schlaftrunken zurückgebrummt, »reg mich nicht am heiligen Sonntagmorgen auf.« Sie lachte: »Seit wann ist denn einem abgebrühten Juristen wie dir etwas heilig?« Beinahe hätte ihn ihre in seinen Augen unverständliche Fröhlichkeit angesteckt. Doch er schluckte seinen Ärger herunter. »Lass uns morgen mal darüber reden. Das Problem werden wir schon lösen.«

Dann hatte sie ihm den größten Schock verpasst: »Mit Sicherheit nicht so, wie du dir das denkst!«

Er kannte sie inzwischen zu gut, dass er wusste, wie schwer, ja fast unmöglich es war, sie von einem Entschluss abzubringen, wenn sie ihn gefasst hatte und mit ganzem Nachdruck vertrat.

Mickey Brend graute nicht vor den zu leistenden Unterhaltszahlungen. Dafür reichte seine Besoldung allemal aus. Was er fürchtete, waren einerseits die über ihn kursierenden spitzen Kommentare in den Bekanntenkreisen: »Jetzt hat es den alten Playboy erwischt ...!«

Andererseits war er sich seiner bis dahin so viel gepriesenen, eisern beschworenen »Freiherrnschaft« plötzlich nicht mehr ganz sicher.

Während er mit seinem Wagen durch die Unterstadt rollte, bemerkte er aus den Augenwinkeln, dass übers Wochenende die alte Eisenbahnschranke durch eine neue mit Blinkanlage ersetzt worden war. Dann fielen ihm am Rande die Plakatkleber von der STAREK auf, die dabei waren, die Litfaßsäulen und Plakatwände mit neutralem Chamois zu belegen und damit eine neue Werbeaktion vorzubereiten. Plötzlich sah er dicht vor seinem Wagen die Bremslichter des vor ihm fahrenden Autos und trat voll in die Bremsen. Das war noch einmal gut gegangen! »Auch ein Staatsanwalt steht in der Gefahr, ein Montagsfahrer zu sein«, sagte er sich.

In seinem Büro im achten Stock nahm er sich sofort die Akten des Prozesses vor. Um zehn Uhr sollte er mit seinem Plädoyer beginnen.

Nach einer knappen viertel Stunde ging das Telefon. Gereizt hob er den Hörer ab. »Ja, bitte?« Vom anderen Ende kam die wohlbekannte Stimme: »Hier Städtisches Tiefbauamt!« Sie meldete sich grundsätzlich unter der Behörde, bei der sie das Vorzimmer des Dezernenten beherrschte.

»Mädchen, jetzt bitte nicht«, knurrte er, »ich stecke hart in der Arbeit.«

»Weiß ich«, gab sie zurück, »ich wollte nur wissen, wann es heute bei dir losgeht. Habe nämlich einen Tag

Urlaub, bin wieder in der Stadt und wollte dir ein wenig im Gerichtssaal zuhören.« Auch das noch! Er holte tief Luft und rief: »Zehn Uhr!« Dann warf er den Hörer auf den Apparat.

Die Schwurgerichtskammer betrat den Saal. Der Staatsanwalt wie auch der Verteidiger und die den ganzen Prozess hindurch stumpfsinnig wirkende Angeklagte, die beiden Gerichtswachtmeister an der Tür zum Flur, die drei Pressevertreter an ihrem gesonderten Tisch und die Zuschauer auf den für sie vorgesehenen, voll besetzten Reihen erhoben sich von ihren Plätzen.

»Ich bitte Platz zu nehmen«, sagte der Vorsitzende Richter Justus Bangert höflich mit leiser Stimme. Als sich die Geräusche des Stuhlrückens und Hustens gelegt hatten, sagte er: »Wir setzen die Verhandlung gegen Frau Julia Brollikowski fort. Gibt es noch etwas zu sagen? Werden noch Beweisanträge gestellt?«

Als er zur Antwort nur Kopfschütteln erhielt, erklärte Richter Bangert: »Dann bitten wir den Herrn Staatsanwalt um sein Plädoyer!«

Nils Brend erhob sich. In dem Augenblick stand für ihn fest, dass er mit der menschlichen Komponente einsteigen wollte. »Die langjährige Berufserfahrung hat es mit sich gebracht, dass unsereiner nicht mehr leicht zu beeindrucken ist. Aber dieser Fall, hohes Gericht, ist mir an die Nieren gegangen!«

Irgendwo im Publikum entdeckte er auf der zweitletzten Stuhlreihe Annelie. Sein Magen krampfte sich etwas zusammen.

»Die Angeklagte ist 23 Jahre alt, kommt aus schwierigen Verhältnissen, hat den größten Teil ihrer Jugend in einem Heim verbracht, weil sie von ihrer Mutter – die um die Vaterschaft des Kindes nicht genau Bescheid wusste – stets abgelehnt wurde. Nun hat sie selbst – unter welchen Umständen und mit wem, das will und braucht sie uns hier nicht zu sagen – ein Kind, einen kleinen Jungen, gezeugt. Sie brachte ihn in ihrem Zimmer unter dem Dach der Ausflugsgaststätte Waldesruh, wo sie als Küchenhilfe beschäftigt war, heimlich und ohne fremde Hilfe zur Welt. Die Angeklagte gehört zu den Frauen mit jenem Körperbau, an dem eine Schwangerschaft bis zum letzten Augenblick kaum auffällt und sich unter entsprechender Kleidung geschickt verbergen lässt. Sie hatte ihren Zustand mit Erfolg verborgen.«

Unwillkürlich traf sein Blick erneut den von Annelie, die ihn mit gespanntem Gesicht ansah, während er weitersprach.

»Als sie sich am nächsten Morgen von der schwächenden Anstrengung der Geburt erholt hatte, wickelte sie den Säugling in eine Plastiktüte, die sie zuvor eigens für diesen Zweck aus einem Supermarkt geholt hatte, und brachte es mit der ihr gegebenen, erstaunlichen Körperkraft fertig, so, als ob nichts gewesen wäre, mit dem Omnibus ins nächste Dorf zu fahren und dort das Kind, das in seinem luftundurchlässigen Behältnis mittlerweile erstickt sein musste, oben auf den Inhalt einer für die Müllabfuhr an den Straßenrand gestellten Abfalltonne zu legen. Ein vorbeiziehender Obdachloser, der die Mülltonnen so unauffällig wie möglich zu fleddern versuchte, wurde von zwei hier angehörten Zeuginnen dabei beobachtet, wie er die Plastiktüte entleerte und beim Anblick des toten Säuglings zurückprallte.«

Durch die Zuschauermenge ging ein aufgeregtes Raunen. Der Vorsitzende blickte auf und sagte: »Ich möchte um Ruhe bitten!«

Staatsanwalt Brend fuhr fort: »Die Angeklagte hat die Tat zugegeben. Nervlich und geistig ist sie, laut Gutachten des Psychiaters von der Universitätsklinik, gesund. Auch stand sie zum Zeitpunkt der Tat unter keinerlei Einfluss von Alkohol, Tabletten oder anderen Rauschmitteln. Von einer nennenswerten Beeinträchtigung ihrer Steuerungsfähigkeit kann also keine Rede sein.«

Brend ließ, wie er das in solchen Fällen gern tat, seine Stimme zu einem sonoren Dröhnen anschwellen: »Was die Angeklagte mit ihrem eigenen Kind gemacht hat, kann ich nur als Mord bezeichnen. Als Kriterium zu dieser Tatbewertung fehlt vielleicht der Versuch, mit der Tat eine andere Straftat zu verdecken. Aber die anderen Kriterien sehe ich klar erfüllt: Sie beging die Tat brutal und mit kühl überlegtem Vorsatz! Sie beging diese abscheuliche Tat mit heimtückischen, verwerflichen Mitteln! Sie beging diese Tat aus niedrigen Beweggründen heraus!«

Wieder erfasste eine Welle der Unruhe die Zuhörer, diesmal wurden die Unmutsbekundungen lauter. »Aufhängen!«, übertönte eine Männerstimme die Menge.

Richter Justus Bangert warf einen energischen Blick durch den Saal und sagte: »Ich erbitte sofort absolute Ruhe! Andernfalls muss ich den Saal räumen lassen.«

Der Ankläger bemerkte mit einem sekundenlangen Blick zu den Zuschauern, dass mitten in der aufgeregten Menge seine Freundin mit gesenktem

Blick saß. Ihre Haltung und der angestrengte Gesichtsausdruck deuteten an, dass sie sich auf ihrem Schoß heimlich Notizen machte. »Hoffentlich merkt Bangert nichts«, dachte Nils Brend, »sonst bekommt sie einen öffentlichen Rüffel.«

Dann sprach er weiter: »Strafmildernd wäre höchstens zu berücksichtigen, dass die Angeklagte erstens von einem überaus schwierigen sozialen Hintergrund geprägt ist und zweitens eine deutliche Erschwernis in ihrer Lebenssituation zu befürchten hatte, wenn sie die Rolle der Mutterschaft angenommen hätte. Hingegen kann ich das vom Herrn Verteidiger hier bereits in die Verhandlung eingeflochtene Argument nicht akzeptieren, eine ihre Leibesfrucht vor der Geburt abtreibende Frau werde nur in den allerseltensten Fällen bestraft, und wenn ja, dann nur geringfügig. Unsere Gesetzgebung macht einen klaren Unterschied zwischen geborenem und ungeborenem Leben. Die Angeklagte hielt einen Menschen in den Händen, der ihren eigenen Angaben zufolge bereits atmete und auch erste zarte Babyschreie von sich gab. Dieses Kind auf diese Weise umgebracht zu haben, bedeutet Mord. Mir persönlich ist es ein Rätsel, wie ein Mensch sein Leben mit einer solchen Schuld aushalten kann. In Anbetracht des Ergebnisses der Beweisaufnahme beantrage ich für die Angeklagte nicht die lebenslange Freiheitsstrafe, die das Gesetz bei Mord vorsieht. Zu dieser Forderung habe ich im Verlauf dieses Verfahrens eine Zeit lang geneigt. Jetzt beantrage ich eine Freiheitsstrafe von zwölf Jahren!«

Der Vorsitzende Richter unterbrach die Sitzung für eine viertel Stunde, bevor das Schwurgericht den Verteidiger plädieren ließ. Als Nils Brend den hinteren Ausgang des Gerichtssaals verließ, wartete dort in der halbdunklen Ecke des Flurs bereits Annelie.

Sie ließ ihn nicht zu Wort kommen und fragte: »Weißt du schon, wann das Urteil verkündet werden soll?« Er antwortete: »Am Donnerstagmittag um zwölf. Das Gericht will den dazwischenliegenden Maifeiertag noch zum Nachdenken nutzen.«

»Ich gehe jetzt wieder in die Stadt«, sagte Annelie, »hab noch mehrere Besorgungen zu machen. Morgen früh rufe ich dich an.« Schon drehte sie ab und machte sich mit forschem Schritt davon. »Gut. Tu das!«, rief er ihr nach.

*

Quietschende Reifen eines bremsenden Autos ließen Lena herumfahren. Wenige Meter hinter ihr rutschte der ihr so wohlbekannte Personenwagen in eine gerade noch genügend große Parklücke. Das Mädchen presste seine Schultasche an sich und blieb wie angewurzelt stehen. Aus dem Wagen stieg ihr Vater.

Er kam auf sie zu, blieb vor ihr stehen, gab ihr in einer etwas fremden Art die Hand. »Ich glaube, ich hab dich erschreckt. Entschuldige bitte.« Lena brachte kein Wort heraus. Ob er etwas von der Schwangerschaft wusste?

Frau Amberger, die Religionslehrerin, die sie im Frauenhaus angetroffen hatte und die am Sonntagmittag nach dem Besuch des Gottesdienstes in der Stadtkirche zu ihren Eltern gefahren war, hatte lediglich Nachricht über den Verbleib der weggelaufenen Tochter bringen wollen. Aber vielleicht hatten die Eltern auf anderen Wegen weiter nachgeforscht.

Heute war immerhin bereits Dienstag. Und schon gestern, zum Wochenbeginn, hatte eine Klassenkameradin während der großen Pause in einer Ecke des Schulhofs Lena unverblümt angehauen: »Stimmt es, dass du 'n Kind kriegst?« Sie hatte zunächst mit dem dümmsten Gesicht zurückgefragt: »Wie kommst du denn auf sowas?« Das Mädchen hatte unbeschwert geantwortet: »Spricht sich rum, sowas …«

Lena hatte schnell erkannt, dass zwischen der Wohngemeinschaft hinter dem Bahndamm und den höheren Schulklassen des Gymnasiums Verbindungen bestanden und ihr letztes Erlebnis mit Tim nicht verborgen bleiben konnte. Die fürsorgliche Frage ihres Vaters nach ihrem Erschrecken jagte ihr nunmehr den nächsten Schrecken ein.

Er blieb erstaunlich freundlich. »Kommst du mit mir, 'ne Pizza essen, bevor du weitergehst?« Sie wäre am liebsten davongerannt, brachte es aber nicht fertig.

Er legte eine Parkscheibe hinter die Windschutzscheibe, schloss den Wagen ab und marschierte mit ihr los. »Erzähl mir mal, wie geht es dir?« Sie wunderte sich ein wenig über den neuen Tonfall. Zu Hause wurde sonst energischer mit ihr gesprochen, nicht selten auch ein wenig kommandiert.

»Wie's mir geht, siehst du ja. Aber …« Der Vater schaute sie von der Seite an. »Was heißt hier ›aber‹?

Staunst wohl, dass ich dir nicht die Leviten lese oder gar den Hintern versohle?«

Die Tochter schwieg, während sie beide um die nächste Straßenecke bogen. In zweihundert Metern Entfernung war die Pizzeria zu sehen, in der dic Familie schon einige Male samstagabends zusammengesessen hatte. »Nun denn«, fuhr der Vater fort, »deine Eltern sind noch lernfähiger, als du ihnen zutraust.«

»Wieso ›lernfähiger‹? Was meinst du damit?«

»Deine Lehrerin, diese Frau Amberger, hat uns nachdrücklich genug eingeschärft, wie erwachsen du nun bist und dass dein Weglaufen nur der Beweis für das Versagen unserer autoritären Erziehung ist ...«

Den spöttischen Unterton in Vaters Stimme konnte Lena nicht überhören. »Zumindest war es gut, dass sie uns mitgeteilt hat, wo du jetzt steckst und dass du zunächst nicht unter die Räuber gefallen bist.«

Jetzt wurde er, das empfand sie mit einem im Hals aufsteigenden Druck, ausgesprochen sarkastisch. »Denn solches soll mit fortgelaufenen Töchtern ja schon vorgekommen sein.«

»Nun hör endlich auf! Ich mag keine Pizza mehr. Lass mich jetzt. Ich gehe ...«

Der Vater blieb betroffen stehen. Sie waren nur noch wenige Schritte vom Eingang des Speiserestaurants entfernt. »Hab ich jetzt schon wieder alles falsch gemacht? Komm, Kind, ich will ja nicht schimpfen. Lass uns bei 'ner Pizza vernünftig miteinander reden. Und Hunger hast du mittags nach der Schule immer.«

Sie fanden einen gerade frei werdenden Tisch am Fenster zur Straße. »Das waren für uns alle schlimme

Tage, von Freitag bis Sonntag, als wir nicht wussten, wo du dich befandst.«

Lena taute ein wenig auf. »Hat sie, die Frau Amberger, euch tatsächlich etwas über autoritäre Erziehung gesagt?«

»Nein. Ganz so dumm ist sie ja nun nicht«, antwortete der Vater mit einem Anflug von Schmunzeln, »sie hat uns das mit der üblichen Art von Pädagogen-Diplomatie, wie wir es von den Elternabenden her kennen, umschrieben.«

Bei einer Pizza »quattro stagioni« kam das Gespräch in Gang. Lenas innere Frage, wie viel die Eltern wohl wissen mochten, löste der Vater in seiner üblichen direkten Weise bald auf: »Wir wissen inzwischen, dass du Mutter werden wirst, auch, was der Vater deines Kindes mit dir angestellt hat. Und nun müssten wir, falls du uns das gnädig erlaubst, gemeinsam mit dir überlegen, wie das Beste aus deiner Situation zu machen ist.«

»Was soll man daraus machen? Im Frauenhaus haben sie mir geraten, das Kind abzutreiben.«

Der Vater legte Messer und Gabel zur Seite und schaute Lena ernst an. »Hat Frau Amberger das auch gesagt?«

»Ja, sie auch. Dies wäre in meinem Alter und für die Zukunft, die noch vor mir liegt, die beste Lösung.«

»Und sowas unterrichtet bei euch Religion«, meinte der Vater kopfschüttelnd. Dann schaute er seiner Tochter wieder gerade in die Augen. »Lass uns die Sache kurz machen. Zum einen muss ich gleich wieder an die Arbeit. Meine Mittagspause ist um. Zum anderen will ich dich jetzt nicht unnötig bedrängen.« Auch dieser Ton war für Lena wieder ganz neu.

»Erstens«, fuhr der Vater fort, »wir haben bis jetzt davon abgesehen, gegen den Burschen, mit dem du dich eingelassen hattest, bei der Polizei Anzeige wegen seiner Gewalttätigkeiten zu erstatten. Dafür erwarten wir von dir, das heißt, wir haben an dich die herzliche Bitte, dass du dich aus dieser Verbindung ein für alle Mal löst.«

»Das Letztere wurde mir auch im Frauenhaus dringend empfohlen. Ich bin mir da innerlich noch nicht so ganz sicher – aber ich glaube, dass ich abhauen kann, wenn ich Tim noch einmal begegne …«

»Gut. Und zweitens: Wir wissen es nicht und du selbst weißt es auch nicht, wie lange du es in diesem Frauenhaus aushalten wirst …«

»Warum sollte ich es da nicht aushalten?«, unterbrach ihn Lena.

»Weil du dort in einer Atmosphäre lebst, die von einem anderen Geist geprägt ist. In unserem Hause herrscht, trotz unserer Schwächen und Fehler, der Geist Jesu Christi. Und als du vierzehn Jahre alt warst, hast du in der Jugendfreizeit an der Nordsee Jesus als deinen Herrn angenommen. Und mit fünfzehn ließest du dich in der Gemeinde taufen und hast öffentlich deinen Glauben bekannt. Wir wissen, dass in dir der Geist Gottes lebt, auch wenn du dich gerade auf Abwegen befindest …«

Lena ließ das letzte Stück Pizza liegen, senkte den Kopf, bis ihr Gesicht nicht mehr zu sehen war, und fischte in den Jeans, dann in der Jackentasche nach einem Taschentuch.

»Deshalb, das wollte ich dir sagen«, so der Vater, »steht für dich die Tür deines Elternhauses jederzeit offen. Und drittens: Bitte, versprich mir, dass du in Sachen Schwangerschaft nichts, absolut nichts unternimmst, bevor du nicht mit uns oder wenigstens mit deiner Mutter allein darüber gesprochen hast!«

Lenas Gesicht war immer noch nicht zu sehen. Sie schwieg. Die Bedienung kam gerade vorbei. Der Vater hielt sie an und bezahlte die Mahlzeit. Als die Italienerin weitergegangen war, faltete der Vater die Hände, schloss die Augen und sagte halblaut, aber so, dass seine Tochter jedes Wort verstehen konnte: »Vater im Himmel! Wir befehlen uns in deine Hände. Sei mit Lena und segne sie! Amen.« Das Mädchen zuckte unter jedem Wort innerlich zusammen.

Vor der Tür auf dem Bürgersteig gaben sie sich die Hand. »Grüß Mama«, sagte Lena fast tonlos. Dann ging sie in ihrer Richtung davon. Der Vater marschierte zu seinem Auto.

Im Frauenhaus angekommen, zog sie sich still in das Zimmer zurück, das sie seit gestern mit Lillian teilte. Die verdiente ihren Lohn in einer Boutique und würde erst am Abend kommen. So hatte Lena ein wenig Zeit und Ruhe, um das Gespräch mit ihrem Vater zu verkraften.

Es dauerte nicht lange, da warf sie sich auf ihr Bett und vergrub das Gesicht im Kopfkissen.

Dann klopfte es an die Zimmertür. Lena stand auf, wischte ihr Gesicht mit den Ärmeln ab und öffnete. Im Flur stand die 22-jährige Jasmin mit ihrem Baby auf dem Arm und hielt in der rechten Hand einen kleinen Schlüssel.

»Da war heute Vormittag ein Typ hier«, sagte sie in gelangweiltem Ton, »der hat 'n Mofa für dich gebracht.«

»Wurde auch langsam Zeit«, meinte Lena, »danke.« Anschließend setzte sie sich an den Tisch unterm Fenster und packte ihre Schultasche aus, um Hausaufgaben zu machen.

Während ihrer Arbeit bemerkte sie, dass sich draußen im Park vor der Villa Autos, Mofas und Fahrräder ansammelten. Alle möglichen jungen Frauen und Mädchen schienen zu Besuch zu kommen. Nicht wenige schritten auch zu Fuß durch das alte Eisentor.

Als Lena zum Abendbrot ging, hörte sie bereits im Treppenhaus ein lebhaftes Stimmengewirr. Das Esszimmer und das Wohnzimmer, zwischen denen man eine Ziehharmonika-Wand auf die Seite geschoben hatte, waren überfüllt. Hier stieß Lena auf die gleiche Duftmischung, die sie aus der Wohngemeinschaft hinter dem Bahndamm kannte: Zigaretten und indische Räucherstäbchen.

Das schlichte Mahl – es gab Marmeladenbrote und Tee – war in vollem Gang. Lena mischte sich dazwischen, fand einen freien Platz neben Lisa und fragte sie: »Was ist heute los? Gibt's hier ein Fest?«

»Morgen ist der 1. Mai, da müsstest du wissen, was heute für ein Tag ist«, erklärte ihr die lang aufgeschossene Blonde und goss ihr Tee ein.

»Tut mir leid«, sagte Lena, »ich weiß es nicht.«

Lisa bekam ein fanatisches Glitzern in die Augen: »Walpurgis ist heute, Walpurgis!«

Lena verstand immer noch nicht. »Erklär mir mal, was wir hier im Frauenhaus mit alten katholischen Namenstagen zu tun haben«, bat sie.

Von Lisa traf sie ein Blick mit einer Spur Verachtung. »Wir werden's gleich zu hören bekommen!«

Lena spürte plötzlich in sich eine starke Unruhe. Der Grund dafür war ihr nicht klar. Die Unruhe steigerte sich noch, als Sophie, die Sozialarbeiterin, aufstand und mit einem Teelöffel an ihre Tasse klopfte, um sich Gehör zu verschaffen.

Es dauerte eine Weile, bis die nötige Ruhe einkehrte. Lena fiel auf, dass neben Sophie ihre Religionslehrerin, Frau Amberger, saß, die hier im Haus nur mit ihrem Vornamen Theresa angeredet wurde – außer von Lena.

»Schwestern! Das ist schön! Ihr seid alle gekommen, und ich freue mich!« Sophies Augen verrieten denselben Fanatismus, den Lena vor wenigen Minuten noch in den Augen von Lisa gesehen hatte. Auch wirkte die Rednerin ein wenig aufgeputscht.

»Heute ist die Nacht der Frauenbewegung! Lasst uns die geschichtliche Tradition, auf die wir uns gründen, fortsetzen. Wir glauben zwar nicht mehr, wie unsere Ahnen, an Gespenster. Wir klemmen uns auch keinen Besen zwischen die Beine. Und einen Blocksberg haben wir hier auch nicht. Aber wir gehen auf die Straße!« Händeklatschen und ein schrill wirkendes Jubelgeschrei.

»Und dazu brauchen wir ein wenig von dem Mut der Alten«, fuhr Sophie fort, »ein wenig vom Geist der Alten, vor allem wird man uns im Bild der Alten antreffen. Dazu haben Theresa, Lillian und ich für uns alle im

Keller die Vorbereitungen getroffen. Dort nehmen wir uns Zeit zum Malen und Einkleiden, bis wir um zehn Uhr losmarschieren. Zeigen wir der Welt, dass die Bewegung des Frauenkampfes, der Hexen, wie sie uns gern nennen, nicht tot ist!«

Die aufkreischenden Stimmen, das Händeklatschen und Schlagen auf die Tischkanten samt dem Klappern der Tassen und Untertassen verursachten einen spürbaren Schmerz in Lenas Ohren.

*

In derselben Pizzeria, in der am Mittag noch Lena und ihr Vater gesessen hatten, trafen sich am frühen Abend ein Staatsanwalt und eine städtische Beamtin.

»Nun spann mich nicht so auf die Folter und sag schon, was du heute noch mit mir vorhast«, maulte Nils Brend.

Annelie verzichtete auf ihr sonst gern gezeigtes spitzbübisches Lächeln. Und das machte ihn noch unsicherer. »Jetzt stärk dich erst einmal schön«, sagte sie mit einer Mischung aus Befehl und fast mütterlicher Behutsamkeit, »du wirst es sicherlich noch brauchen.«

»Und unser gemeinsames Problem interessiert heute Abend wohl überhaupt nicht mehr«, schnitt Nils den Punkt, der ihm quer im Magen lag, tapfer an, »und weil sich Schwierigkeiten zumeist bei einem guten Essen besser lösen lassen, bin ich deiner Einladung gefolgt. Ich muss unbedingt mit dir über die Schwangerschaft reden! Stattdessen spielst du hier Verstecken mit mir, indem du dich am Telefon in Orakeln ergehst – wie ein Schulkind, das sein lustiges Indianerspiel braucht …«

»Ob du's glaubst oder nicht: Mein Indianerspiel hat etwas mit unserem gemeinsamen ›Problem‹, wie du es nennst, zu tun! Aber vorher wollen wir über das Thema reden, warum denn nicht? Nur lass dir den Appetit nicht verderben.«

»Habe ich nicht vor«, sagte er mit knurrendem Ton in der Stimme. »Um es mit einem Satz vorwegzunehmen: Sei dir dessen endlich bewusst, dass man in deinem Alter kein Kind mehr bekommt!«

»Wer behauptet das?«

»Das weiß jedes Kind. Das kannst du überall nachlesen. Das sagt dir jeder Facharzt und überhaupt jeder, der etwas von der Materie versteht!«

»Soso, ich bin also ein ahnungsloses kleines Dummerchen, das sich mit kindlichem Trotz das Kinderkriegen in den Kopf gesetzt hat …«

»Den Eindruck habe ich in der Tat: Das Kind will seine Puppe zum Spielen haben. Sonst nichts!«

»Sonst nichts? Dass es hier um ein Menschenleben geht, welches von dir persönlich mitgezeugt worden ist, hat wohl gar nichts zu bedeuten?« Annelies Gesicht rötete sich.

Nils nutzte diesen Umstand, um auf ein taktisches Manöver umzuschwenken: »Jetzt wirst du rot. Liegt das am peinlichen Thema, an der scharfen Pizza, oder regst du dich auf?«

»Spar dir deine Tricks und bleib bei der Sache«, fauchte sie ihn leise an, »ich sprach von einem Menschenleben. Am letzten Samstag stand ich am Vormittag gerade in der Fußgängerzone, wo die von der Freiheitlichen Partei ihre Wahlbroschüren verteilten. Da bekam ich mit, wie eine alte Frau von der Heilsarmee sich den Schwenninger vom Arbeitsgericht, der bei den Freiheitlichen eine Geige spielt, vornahm und ihn fragte, was wohl aus ihm als jüngstem von vier Söhnen katholischer Eltern geworden wäre, wenn eben diese, seine Erzeuger, bereits damals über ungeborenes Leben und über Abtreibung so gedacht hätten wie er und seine Partei.«

»Donnerwetter! Gute Pointe«, entfuhr es Nils, »und nun meinst du, mir auf dieser Ebene begegnen zu können?«

»Auf genau dieser und noch einer anderen«, entgegnete Annelie. Sie kramte in ihrer Handtasche und holte einen postkartengroßen Notizblock hervor. »›Was die Angeklagte mit ihrem Kind gemacht hat, kann ich nur als Mord bezeichnen‹«, las sie vor.

Nils unterbrach sie: »Hör auf! Was soll das?«

Annelie ließ sich nicht aus dem Konzept bringen: »Du hörst mir jetzt gut zu! Ich lese nur vor, was ich mir gestern Morgen aus deinem Plädoyer gegen diese Brollikowski aufgeschrieben habe …«

»So kannst du mir nicht kommen«, protestierte er, »da ging es um was völlig anderes!«

»Doch, so komme ich dir! Und ob es sowas völlig anderes war, werden wir ja sehen. Also, ich lese weiter: ›Als Kriterium zu dieser Tatbewertung fehlt vielleicht der Versuch, mit der Tat eine andere Straftat zu verdecken. Aber die anderen Kriterien sehe ich klar erfüllt. Sie beging diese Tat brutal und mit kühl überlegtem

Vorsatz. Sie beging diese abscheuliche Tat mit heimtückischen, verwerflichen Mitteln. Sie beging diese Tat aus niedrigen Beweggründen.‹«

Nils hatte die Ellenbogen auf die Tischkante gestützt und die Hände vors Gesicht geschlagen. »Jaja«, stöhnte er auf, »›aufhängen!‹«

»Glaubst du, ich möchte mit diesen inneren Vorwürfen ein Leben lang herumrennen? Und diese Vorwürfe kommen aus dem Mund des Vaters meines Kindes!«

»Dann will ich auch zitieren, was ich gestern vor der Schwurgerichtskammer gesagt habe«, setzte Nils zum Gegenangriff an. »›Das vom Herrn Verteidiger vorgebrachte Argument kann ich nicht akzeptieren, eine ihre Leibesfrucht vor der Geburt abtreibende Frau werde nur in den allerseltensten Fällen bestraft, und wenn ja, dann nur geringfügig.‹«

»Jetzt kommst du mir mit der Juristerei und den Paragrafen«, schnitt Annelie ihm das Wort ab.

»Vorhin habe ich dir zugehört, jetzt hörst du mir bis zum Ende zu«, fuhr er in unverändert sachlichem Ton fort.

»›Unsere Gesetzgebung macht einen klaren Unterschied zwischen geborenem und ungeborenem Leben. Die Angeklagte hielt einen Menschen in den Händen, der bereits atmete und Babyschreie hören ließ. Dieses Kind auf diese Weise umgebracht zu haben …‹«

»›… bedeutet Mord‹«, führte Annelie den Satz zu Ende und fügte leise hinzu: »Zwölf Jahre! ›Es ist mir ein Rätsel, wie ein Mensch sein Leben mit einer solchen Schuld aushalten kann!‹«

»Aber du kannst den gesetzlich festgeschriebenen Unterschied nicht einfach wegdiskutieren«, begehrte Nils auf.

»Was interessiert mich dein im Gesetz festgeschriebener Unterschied? Das Leben, das ich unter meinem Herzen trage, das ist mehr als Paragrafen, die schwarz auf weißem Papier stehen. Dieses Kind lässt sich schon gar nicht hinwegdiskutieren. Es ließe sich höchstens abtreiben. Und das wäre Mord – nicht im Sinne deiner Gesetze, aber im Sinne des Lebens!«

»Nun hör doch endlich auf mit all dem Pathos und dem Idealismus! Denk mal an dich und deinen Beruf«, hielt Nils ihr entgegen. »Wie stellst du dir das in Zukunft vor: Städtische Beamtin, alleinerziehend?«

»Ist das eine Argumentation, um Leben abzutreiben?«

»Ich wollte keine Gegenfrage hören. Gib mir bitte eine Antwort auf meine Frage!«

Annelie hob die Schultern: »Über die Zukunft mache ich mir die wenigsten Sorgen. Als ob sich in unserem durchorganisierten Sozialstaat kein Weg fände! Ich habe früher jahrelang im Sozialdezernat gearbeitet und weiß, dass es für ledige Mütter dutzendweise annehmbare Möglichkeiten der Versorgung und der Berufsausübung gibt.«

»Aber da gibt's doch noch das andere Problem, das ich zu Anfang schon erwähnte«, ließ Nils nicht locker, »du bist fürs Kinderkriegen nicht mehr im richtigen Alter! Wahrscheinlich spielst du, wenn du eine Schwangerschaft austrägst und in den Kreißsaal musst, mit deinem Leben …«

»Dieser Unsinn musste ja noch kommen! Ich habe die Gynäkologin, bei der ich mich untersuchen ließ, gefragt. Sie sagte mir, dass ich kerngesund und stark genug bin.«

»In deinem Fall würde ich mich nicht mit einer einzigen solchen ärztlichen Beurteilung zufriedengeben«, wandte Nils ein. »Such doch lieber einen weiteren, erfahrenen Frauenarzt auf.«

»Halte ich nicht für nötig«, meinte Annelie. »Jede Geburt, auch das habe ich mit meiner Ärztin besprochen, bringt ein gewisses Risiko für das Leben der Gebärenden mit sich. Wenn man diese Tatsache nur entsprechend formuliert, bekommt man heute überall die ›medizinische Indikation‹ bescheinigt.«

»Da siehst du es«, versuchte Nils es noch einmal, »beim gegenwärtigen Erkenntnisstand der Humanwissenschaften sieht man die Dinge wesentlich differenzierter als zu früheren Zeiten. Die Ärzte verstehen heute bestimmt mehr von der Materie als noch vor einigen Jahrzehnten.«

»Da hast du ganz recht«, stellte Annelie fest, »heute verstehen sie vom Abtreiben mehr.«

»Früher überließ man diesen Bereich kriminellen Elementen«, zog Nils das Gespräch weiter in die Länge. »Die älteste Schwester meiner Großmutter – sie war eine gut aussehende und stattliche Person – hatte im Hitlerreich als stramme, linientreue Jugendleiterin ein Verhältnis mit einem Gauleiter, der natürlich verheiratet war. Sie begab sich zu einer ›Engelmacherin‹, die man später nie herausgefunden hat. Meine Großtante fand man an einer einsamen Landstraße tot im Straßengraben. Sie war verblutet.«

»Und du wolltest damit sagen«, hakte Annelie nach, »dass mir ein solches Schicksal heute erspart bleibt, weil es ja genügend echte Fachleute gibt, die das Problem problemlos beseitigen …«

»Endlich fängst du an, mich zu verstehen.«

»Nein! Ich denke nicht daran, dich verstehen zu wollen«, brauste Annelie jetzt auf. »Du ahnst ja gar nicht, wie ich mich auf dieses Kind, mit dem ich um die Weihnachtszeit rechne, freue! Und diese Freude lasse ich mir von niemand verderben. Auch von dir nicht!«

Nils starrte auf seinen Teller, auf dem die halbe Pizza liegengeblieben und erkaltet war. Für einige Sekunden schwiegen sie beide.

Dann holte Annelie noch einmal tief Luft: »Wenn du mich deshalb verlassen würdest, wäre mir das sehr schwer. Aber von meinem Entschluss, unser Kind zu bekommen, könnte mich auch das nicht abbringen.«

Sie stand auf und ging in Richtung Toilette. Als sie zurückkam, drückte sie gerade den Verschluss ihrer Handtasche zu und sagte: »Ich habe schon bezahlt. Und jetzt komm mit. Ich habe dir versprochen, dass du heute noch etwas Interessantes zu sehen bekommst.«

Draußen überlegten sie, mit welchem Auto sie fahren wollten, denn beide waren mit ihrem eigenen Fahrzeug zu dem Restaurant gekommen. Annelie hatte eine ausgefallene Idee: »Lass uns mit einem Taxi fahren. Die Strecke zurück hierher eignet sich gut für einen Abendspaziergang. Und heute Abend haben wir milde Frühlingsluft.«

»Zur Erlenau«, sagte Annelie dem Taxifahrer. Der rollte los, während Nils sie von der Seite ansah. »Willst du mit mir zum Klärwerk?«

»Ja, dort habe ich für uns heute Abend einen Termin vereinbart. Der Klärmeister wird uns öffnen. Für das Tiefbauamt kein Problem …«

»Das ist doch die nagelneue Anlage, die ihr erst vor einigen Wochen eingeweiht habt«, wollte Nils wissen. »Ich meine, ich hätte in der Zeitung gelesen, es sei so ziemlich das Modernste, was es zurzeit auf diesem Sektor gibt.«

»Stimmt. Und das führen wir dir mal kurz vor.«

Nils begriff nichts mehr. Er sparte sich jeden weiteren Kommentar. Beide schwiegen, bis das Taxi am unteren Stadtausgang in den Flusswiesen der Erlenau vor dem großen, auf Schienen laufenden Eisentor anhielt.

Diesmal kam Nils mit dem Bezahlen zuvor. Als sie auf das kleine Eisentor für das Personal zugingen, summte bereits das elektrische Türschloss. Sie wurden erwartet.

Im Gebäude empfing sie ein Mann in Arbeitskleidung mit höflichem Gruß und nahm sie beide mit über das Gelände in eine etwa fünfzig Meter entfernte Halle.

Hier herrschte ein übler Geruch. Der Klärmeister schaltete sämtliche Leuchtstoffröhren ein und begab sich dann auf einen durch Glasscheiben abgetrennten Kontrollstand, während Annelie den Staatsanwalt freundschaftlich bei der Hand nahm und mit ihm zu einer vier Meter breiten Betonrinne ging.

»Was hier angeflossen kommt«, erklärte sie ihm, »ist der zusammengefasste Dreck aller 120 000 Einwohner unserer Stadt. Sämtliche Kanalisationsrohre münden in den Hauptsammler, eine Betonröhre von über drei Meter Innendurchmesser. Und diese Röhre endet hier im Klärwerk.«

»Ein Glück, dass wir schon gegessen haben«, versuchte Nils einen Witz anzubringen, um dann zu fragen: »Aber wozu zeigst du mir das jetzt?«

»Der hohe technische Stand dieser Anlage besteht darin«, fuhr Annelie in ihren Erläuterungen fort, »dass der Klärmeister drüben im Kontrollstand mit einem Knopfdruck eine Hydraulik in Bewegung setzen kann, mit der vom Boden der Rinne ein Eisengitter senkrecht nach oben gefahren wird, auf dem sich dann aller dicke Dreck befindet. Dieser soll nicht in die Klärbereiche, sondern wird, ebenfalls mit hydraulischer Kraft, seitlich auf ein großes Fließband gekippt und in eine zu diesem Werk gehörende Verbrennungsanlage transportiert.«

Annelie schaute zu dem Klärmeister hinüber und nickte mit dem Kopf. Das laute Surren von zwei starken Elektromotoren erfüllte die Halle.

Aus dem Wasser tauchte ein riesengroßes Sieb auf, und das abfließende Wasser rauschte kräftig, während das Sieb waagerecht vor den beiden Besuchern in der Luft stehen blieb. Darauf lag ein anwiderndes, schmutziges und stinkendes Gewirr undefinierbarer, offenbar faulender Dinge.

»Und jetzt geh mal nah heran und schau genau hin«, tönte Annelies Stimme ungewöhnlich scharf. »Siehst du die vielen abgetriebenen Kinderleichen, die dazwischen liegen?« Sie zeigte mit der Hand auf verschiedene Punkte. »Da! Und da! Und da vorn auch!«

Nils lief es kalt über den Rücken. Jetzt, da er unmittelbar aufmerksam gemacht wurde, konnte er in dem schlammigen Durcheinander winzige Ärmchen, Beinchen, Köpfe mit geschlossenen Augen und aufgerissenen Mündern und ganze Körperchen erkennen.

»Sowas wird hier täglich zu Dutzenden angeschwemmt«, schrie Annelie. »Das jeden Tag wachsende Schuldkonto einer ganzen Stadt! Möchtest du, dass unser Kind hier landet?«

Kreidebleich im Gesicht schaute Nils sie an und bemerkte, dass ihr große Tränenbäche aus den Augen liefen.

Sie schaute nur halb über die Schulter zum Kontrollstand und hob eine Hand. Wieder ein Motorengeräusch, und das große Sieb neigte sich von ihnen weg zur gegenüberliegenden Seite hin, bis es über die Senkrechte hinaus war und allen aus den Abwässern gefischten Unrat abwarf. Gleichzeitig setzte sich das anderthalb Meter breite Fließband in Bewegung und ließ den stinkenden Abfall in einem rechteckigen, schwarzen Loch verschwinden.

Nils starrte das Loch an und sagte halblaut, mehr zu sich selbst: »Das reinste Krematorium.«

Er wagte nicht mehr, Annelie ins Gesicht zu schauen. Aus den Augenwinkeln sah er, wie sie sich mit einem Taschentuch das Gesicht abputzte. Dann suchten beide mit eiligen Schritten den Ausgang, ohne sich noch um den Klärmeister zu kümmern.

Schweigend wanderten sie den regulierten Flusslauf entlang über den angelegten Uferweg in Richtung Stadtmitte. Nils schaute auf die Armbanduhr. Es war kurz nach halb zehn. Die abendliche Maienluft, die dem Maifeiertag vorausging, konnte die Stimmung der zwei Menschen nicht aufhellen.

In der Unterstadt, nicht weit weg von der Pizzeria, vor der sie ihre Autos abgestellt hatten, schreckten sie erneut zusammen. Von irgendwoher hörten sie gespenstische, nicht zu erklärende Töne. Metall klapperte, und dazwischen schrille Menschenstimmen.

Wieder schaute Nils auf seine Uhr. Jetzt war es achtzehn Minuten nach zehn. Plötzlich schwoll die Geräuschkulisse deutlich an.

Um die nächste Straßenecke bogen die ersten Gestalten, denen langsam ein ganzer Zug folgte. Sie bewegten sich auf Nils und Annelie zu. Die beiden drückten sich in einen Hauseingang. Langsam, schlurfenden Schrittes kamen sie heran, klopften mit hölzernen Kochlöffeln auf kleine Topfdeckel und stießen dabei kurze, helle Schreie aus.

Die beiden Zuschauer in der Haustür schienen von den Gestalten nicht bemerkt zu werden. Als sie dicht an Nils und Annelie vorbeischritten, konnten die feststellen, dass es sich um rund sechzig bis achtzig überwiegend junge Mädchen handelte. Alle waren in Jacken und Röcke gekleidet, sie hatten Turnschuhe an den Füßen und Tücher um die Köpfe geschlungen. Und ihre Gesichter waren kalkweiß bemalt, wobei auf den Wangen und Stirnen in schwarzer Farbe Schlangengebilde zu erkennen waren.

Nils gewann, als er das Verhalten der Demonstrantinnen beobachtete, den Eindruck, dass sie allesamt in einem tranceartigen Zustand waren, schnupperte aber in der Luft keine Spur von Alkohol.

Das Bild war nicht das eines geordneten Zuges, sondern glich eher einer dicht zusammengedrängten Traube. Als die letzten Hexengestalten an ihnen vorüber waren, sagte Nils: »Das darf doch nicht wahr sein …!«

Dann sahen sie ein normal gekleidetes Mädchen in Jeans und Jacke um dieselbe Ecke biegen und dem Zug in einigem Abstand folgen.

Nils sprang vor und fragte die junge Person: »Entschuldigen Sie, was ist das für eine Demo?« Das Mädchen versuchte, wortlos an ihm vorbeizukommen. Doch er ließ sich nicht abschütteln, sondern hielt sie – sich gleichzeitig der Unrechtmäßigkeit seines Handelns bewusst – am Arm fest.

Das Mädchen schien sehr erregt und zitterte, beruhigte sich aber offensichtlich, als auch Annelie aus dem Hauseingang auftauchte.

»Ich … ich bin noch neu dabei und schaue nur zu«, stotterte das junge Ding.

»Aber was ist das für eine Gruppe?«, fragte Annelie freundlich. »Woher kommen die alle?«

Nils hatte den Arm des Mädchens bereits losgelassen. Es antwortete kurz: »Aus dem Frauenhaus …« Dann lief es den Gestalten nach.

Während Nils und Annelie zu ihren Autos gingen, hörten sie immer noch das sich entfernende Schreien und Klappern.

»Weißt du«, sagte Annelie unvermittelt, »das mit der allgemeinen Haltung zur Abtreibung ist nicht nur eine Zeiterscheinung. Dahinter steht eine Ideologie. Und …«

Nils setzte den Satz fort: »… und die Bastion dieser Ideologie ist uns soeben begegnet.«

*

Der Maifeiertag machte seinem Namen alle Ehre. Angesichts der strahlenden Morgensonne rieben sich die Gewerkschaftsfunktionäre die Hände. Ihre Bemühungen, die Massen zu mobilisieren, würden von sichtbarem Erfolg gekrönt sein.

*

In der gynäkologischen Abteilung des Kreiskrankenhauses war nahezu nichts von einem Feiertag zu spüren. Chefarzt Dr. Angelus hatte wegen der überwältigenden Nachfrage etwa die gleiche Zahl von »Kundinnen« – wie er die jungen Schwangeren intern gern bezeichnete – auf den 1. Mai bestellt. Für die Nachricht, dass eine Schwesternschülerin sich aus Protest gegen seine Praxis habe vorläufig in ein anderes Ressort versetzen lassen, hatte er nur ein Achselzucken übriggehabt.

*

Unter den Bewohnerinnen des Frauenhauses hatte es eine unruhige Nacht gegeben. Lena war ziemlich bald nach dem harmlosen, aber doch beunruhigenden Zusammenstoß mit den zwei Fremden in der Dunkelheit des Beobachtens der Hexendemonstration überdrüssig geworden und in Richtung Frauenhaus davongeeilt, um sich ins Bett zu legen.

Eine Stunde später riss der Lärm sie aus dem ersten Schlaf. Bis in die frühen Morgenstunden blieben das Haus und der Park von einer wirbelnden Frauenfete erfüllt.

Jetzt warf die Morgensonne des 1. Mai ihre gleißenden Strahlen durch das Fenster. Lillian lag mit dem Gesicht zur Wand und gab die Atemzüge einer fest, aber unruhig Schlafenden von sich.

Die junge Ausreißerin hingegen hatte nur knapp zwei Stunden im Halbschlaf verbracht und war jetzt wieder hellwach, fühlte sich jedoch ziemlich zerschlagen.

Sie stand leise auf, stieg in die Jeans und einen leichten Rollkragenpullover, ordnete oberflächlich ihr Haar und griff nach ihrer Schultasche, bevor sie auf Zehenspitzen hinausschlich. Vorsichtig öffnete und schloss sie die Haustür, um niemand zu stören. Draußen suchte sie sich im Park jene Ruhebank, die sie am Tag zuvor hinten unter der mächtigen Rotbuche, die in diesen Tagen noch ihre Frühlingsblätter hervortrieb, entdeckt hatte.

Dort ließ sie sich nieder, atmete tief die frische Morgenluft ein, sah den Sonnenschein durch die Zweige des Baumes fallen und genoss die Stille. Bald suchten ihre Hände in der Schultasche, bis sie unter den vielen

Büchern und Heften die kleine Bibel hervorholte und irgendwo in der Mitte aufschlug.

Ihr Blick fiel auf einen fett gedruckten Satz in den Sprüchen Salomos: »Wer seine Übertretungen verbirgt, wird kein Gelingen haben; wer sie aber bekennt und lässt, wird Barmherzigkeit erlangen.« Darunter war in winziger Schrift eine Parallelstelle angegeben. Diese schlug sie im Neuen Testament im ersten Johannesbrief nach: »Wenn wir unsere Sünden bekennen, so ist er treu und gerecht, dass er uns die Sünden vergibt und uns reinigt von aller Ungerechtigkeit.«

Sünde? Was das war, hatte Lena sowohl zu Hause als auch im Bibelunterricht bei einem Prediger der Gemeinde gelernt: Zielverfehlung, und damit Entferntsein und ein fortschreitendes Sich-Entfernen von Gott …

Bei diesem Gedanken wurde ihr klar, dass die Situation, in der sie sich befand, unter der Überschrift »Sünde« stand.

Durch die hängenden Buchenzweige schaute sie auf eine Grillstelle, deren Kohlen noch von der Nacht her eine dünne Rauchfahne aufsteigen ließen. Hier hatten sie, die Frauenhausschwestern und ihre jungen Sympathisantinnen aus der näheren und weiteren Umgebung, in jener seltsam anmutenden, aggressiven Ausgelassenheit »gehext«, wie sie das nannten.

Das war Lena sehr schnell aufgefallen: Im Frauenhaus gab es des Öfteren Alkohol, Tabletten und andere Stoffe. Aber man schien damit einigermaßen mäßig umzugehen. Lena selbst rührte von alledem nichts an.

Dann hatte sie am vorangegangenen Nachmittag mit ihrer Zimmergenossin ein kurzes Gespräch gehabt und sie gefragt, weshalb sie und Sophie und Frau Amberger und die meisten der Singles hier im Haus solchen Wert auf überbetont blitzsauberes, blendendes Aussehen legten. Darauf hatte Lillian ihr klargemacht, dass es sich bei ihnen um die Gruppierung derer handele, die sich vom männlichen Geschlecht vollends abgewandt hätten und nun untereinander das fänden, wessen sie körperlich bedürften.

Auf Lenas erschrockenen Blick hatte Lillian sofort reagiert und ihr erklärt: »Du bekommst hier auf jede Frage eine ehrliche Antwort, aber niemand hat vor, dich zu belästigen oder auf unsere Seite herüberzuholen. Da kannst du ganz beruhigt sein.«

Die beiden Bibelworte hatten Lena in der Morgenstille tief getroffen. Aber daraufhin die Augen zu schließen und mit Gott ins Gespräch zu kommen, wie das früher für sie eine Selbstverständlichkeit gewesen war, das wollte ihr zu jenem Zeitpunkt und in solcher Umgebung nicht gelingen.

*

Sophie Schoppmann und Theresa Amberger hatten sich gegen Ende der Frauenfete zu Fuß auf den nicht zu langen Weg in die Innenstadt gemacht, um den Rest der Nacht in der Wohnung der Religionslehrerin zu verbringen. Sie hatten den Wecker gestellt, waren dann früh wieder aufgestanden und erschienen, blank und überfein herausgeputzt, unter den Zuhörern bei der Mai-Kundgebung auf dem Paradeplatz vor der Stadthalle.

Während der Regionalvorsitzende der Dienstleistungsgewerkschaft die etwa fünftausend Menschen – überwiegend Männer – mit Sätzen, die markig klingen sollten, auf die Prinzipien der Arbeiterbewegung einzuschwören suchte, hielten die beiden Frauen Ausschau nach Gesinnungsgenossinnen, die ebenso wie sie lila Halstücher trugen, wie auch nach sonstigen Bekannten.

Nach der Maifeier, als die Volksmenge sich auflöste, standen sie noch mit neun Frauen und zwei Männern – es handelte sich um evangelische Pfarrer – zusammen. Nach kurzem Plausch steuerten sie gemeinsam das Stadthallen-Café an, wo sie draußen unter den Sonnenschirmen drei Tische zusammenrückten und eine Runde bildeten.

Eine unter den Frauen trug eine angegraute Pagenfrisur, auf dem Körper flachshelles Leinen und an den Füßen lederne Sandalen. Sie beteiligte sich kaum am Gespräch und wirkte völlig nach innen gekehrt.

Am anderen Ende der Tischreihe flüsterte Pfarrer Johannes Grenzmann der Religionslehrerin ins Ohr: »Sag mal, Theresa, wer ist die seltsame Person da drüben?«

Theresa antwortete unauffällig: »Leiterin des Steiner-Altenheims und Priesterin der hiesigen Anthroposophen-Gemeinde.«

Der Theologe verzog keine Miene und schaute in eine andere Richtung, als er der Religionslehrerin zuraunte: »Donnerwetter! So etwas müsste man einmal näher kennenlernen. Aber die scheint auf einem anderen Stern zu leben?«

Theresa Amberger: »Kann man wohl sagen. Sie betreibt allerlei okkultes Zeug und soll auch ziemlich hellsichtig sein …«

Die Gesprächsrunde hatte kein Konzept. Jeder redete, mit wem es sich gerade ergab und was irgendwo zwischen Wetter und Politik angesiedelt war.

Pfarrer Gerhard Kilian hatte den kurzen Informationsaustausch zwischen seinem Amtsbruder und der Religionslehrerin von der Seite her halb mitbekommen und redete die weltabgewandte Anthroposophin sanft an: »Sie sitzen so still unter uns – bewegt Sie etwas Besonderes?«

Die etwa vierzigjährige Frau warf ihm für zwei Sekunden einen müden Blick zu, schaute dann wieder vor sich hin auf den Tisch und offenbar durch den Tisch hindurch. Plötzlich blickten alle sie schweigend und erwartungsvoll an.

Halblaut sagte sie: »Es ist was los. Es liegt was in der Luft … Ich weiß noch nicht, was … Aber heute oder morgen passiert noch etwas.«

Ein junges Mädchen mit lila Halstuch fragte: »Wird es was Schlimmes sein?« Die Anthroposophin: »Ich weiß nicht genau … Doch, ja. Ich glaube … ja!«

Die beiden Pfarrer tauschten einen Blick miteinander aus, der besagte: »So ein Unsinn hat uns jetzt gerade noch gefehlt.«

Grenzmann riss die Situation an sich: »Weil's heute 1. Mai ist, darf ich Ihnen allen mal 'n politischen Witz erzählen?« Er wartete keine Antwort ab und legte sogleich los: »Ein Arzt, ein Architekt und ein Politiker stritten sich, wer von ihnen den ältesten Beruf habe …«

*

Mittags schritten die Sozialarbeiterin und die Religionslehrerin gutgelaunt durch das Eisentor in den Park des Frauenhauses. »Unsere Küchenfee will uns heute mit einem herzhaften Müsli beglücken«, kicherte Theresa Amberger.

Sophie Schoppmann zeigte mit der Hand in Richtung Rotbuche und sagte: »Schau mal, wer dort sitzt!«

Auf dem Schoß hielt Lena einen Zeichenblock. Ihr Blick folgte konzentriert dem Kohlestift und wanderte wieder hinüber zu der Villa. Die Lehrerin kam heran und setzte sich neben das Mädchen auf die Bank.

Nach einem Seitenblick auf das Malpapier sagte sie: »Das machst du großartig! Ich weiß, dass du zu den künstlerischen Begabungen an unserer Schule zählst.«

Lena zog die letzten feinen Striche und meinte: »So. Jetzt kommt noch Fixativ drauf, und dann schenk ich's dem Frauenhaus.«

Frau Ambergers Blick fiel auf die Bibel, die auf der anderen Seite neben Lena auf der Bank lag. »Hast du darin heute Morgen gelesen?«

»Ja, in der Frühe. Mit dem Schlafen war es nicht viel. Da hab ich schon beim ersten Sonnenschein hier gesessen.«

Die Lehrerin wollte es genauer wissen: »Was hast du denn gelesen?«

»Irgendwas aus den Sprüchen Salomos und aus dem ersten Johannesbrief«, brachte Lena zaghaft hervor, »es war etwas über Sünde …«

Aus der Religionslehrerin kam ein kurzes, unterdrücktes Lachen. »Das ist eines der Worte, mit denen man heute Schwierigkeiten hat. Eigentlich versteht das keiner mehr.«

»Sowas haben Sie in der Schule schon einmal gesagt«, stellte Lena fest. »Erklären Sie's noch mal näher?«

»Ach, weißt du, früher, da teilte man alles menschliche Dichten, Trachten und Tun in ›gut‹ und ›böse‹ ein«, antwortete die Lehrerin mit einem überlegenen Lächeln. »Heute, in unserer aufgeklärten Zeit, unter natur- und humanwissenschaftlich denkenden Menschen, da unterscheidet man mehr zwischen ›falsch‹ und ›richtig‹.«

»Wo liegt denn da der Unterschied?«, fragte die Schülerin. »Ich meine, der Unterschied zwischen der einen und der anderen Art von Unterscheidung?«

»Ganz einfach«, sagte Frau Amberger, »früher belegte man alles mit einem moralischen Urteil. Heute haben wir uns von diesen überkommenen Vorstellungen frei gemacht und folgen der Logik unseres Verstandes.«

»Ist unser Verstand denn immer so logisch?«

Wieder musste die Lehrerin ein wenig lachen. »Deine Frage zeigt, wie selbstkritisch du denken kannst. Das finde ich sehr gut an dir«, sagte sie. »Aber schau einmal: Deine Eltern haben, aus ihrer Sicht unbedingt gut gemeint, dir stets eingeimpft, dass Geschlechtsleben vor der Ehe Sünde sei. Deine Liebe zu einem jungen Mann und damit auch dein Körper haben dir etwas ganz anderes gesagt. In der Schule oder sonst irgendwo hast du dann einmal mitbekommen, dass die Menschen, die die Bedürfnisse ihrer Natur zu hart unterdrücken, sich Verklemmungen und Neurosen einhandeln. Und dann bist du nicht den Vorurteilen deiner lieben Eltern gefolgt, sondern deiner eigenen Vernunft!«

»'ne Neurose hab ich mir nicht eingehandelt«, sagte Lena bitter, »dafür aber 'n Kind und Schläge …«

»Nun übertreib das mal nicht mit der Selbstkritik«, antwortete die Religionslehrerin und klopfte dem Mädchen zart auf die Schulter. »Von einem Kind kann keine Rede sein, sondern nur von einer Schwangerschaft. Die Schläge und den Mann vergisst du. Die Schwangerschaft beseitigst du. Wir helfen dir bei beidem. Dann gehst du erst mal wieder in dein Elternhaus und bist ein ganz normales junges Mädchen wie alle anderen deines Alters auch.«

»Meinen Sie, das wird so gehen – einfach so?«

»Jawohl«, entgegnete die Lehrerin im Brustton der Überzeugung, »so einfach wird das gehen!«

»Sie sagen das so selbstbewusst. Haben Sie selber denn sowas schon durchgestanden?«

»Ich gehe davon aus, dass du es streng für dich behältst«, antwortete Frau Amberger und blickte Lena geradeheraus in die Augen. »Auch ich hatte Geschmack an Männern und musste zweimal dafür sorgen, dass nichts meine persönlichen und beruflichen Wege durchkreuzte und ich Herr meiner eigenen Zukunft blieb. Auf genau das kommt es an. Und deshalb solltest auch du es lernen!«

»Und heute haben Sie keinen Geschmack mehr an Männern?«, fragte Lena mit ausdruckslosem Gesicht.

Die Lehrerin warf ihr einen blitzschnellen, leichtes Erschrecken verratenden Blick zu und sagte: »Komm, es ist Zeit fürs Mittagessen – heute gibt's Müsli.«

*

Nach dem Aufbruch vom Stadthallen-Café hatte sich die noch jugendlich wirkende Fragestellerin an die Fersen der Anthroposophin geheftet, um noch mehr zu erfahren. »Haben Sie irgendeine Ahnung, was denn in der Luft liegen könnte?«

»Warum willst du das wissen, Mädchen?«

»Weil's mich ganz wahnsinnig interessiert!«

»Vielleicht steckt hinter deinem Interesse ein Stück des Wissens, das mir noch fehlt.«

»Wie soll ich das verstehen?«

Die Frau in Leinen blieb stehen. »Überleg mal gut, ob dir in den letzten zwei Tagen irgendetwas Besonderes begegnet ist oder ob du irgendetwas Außergewöhnliches gehört hast oder …«

Die Jüngere war ebenfalls stehen geblieben und dachte nach. Dann sagte sie: »Ich weiß nicht … Ich weiß nicht, ob Sie so etwas meinen …«

»Was ist es denn?« Die Frau wirkte auf einmal ungeduldig. »Sag's mir!«

»Ich hab 'nen Freund. Der arbeitet bei der Stadtreklame, klebt Plakate an. Er sagte mir etwas, wovon ich aber nichts weitersagen soll.«

Die Anthroposophin kämpfte sichtlich um ihre Selbstbeherrschung. Ihre Hände zitterten. »Mir kannst du's ruhig sagen. Von mir erfährt niemand was ...«

»Er hat gesagt, bei seiner Firma ist vom 1. auf den 2. Mai was im Busch. Ich hab das so verstanden, dass die wohl 'ne neue Sorte Plakate kleben wollen. Irgendwas, was es noch nie gegeben hat. Was Schockierendes ...«

Die Ältere von beiden zog hörbar den Atem durch die Nase. Dann fragte sie freundlich: »Kommst du noch auf einen Salat mit zu mir? Ich glaube, ich werde jetzt mehr herausfinden.«

Nun sprang der Jüngeren wieder die nackte Neugier aus den Augen. »Wie machen Sie das? Können Sie mir das mal zeigen?«

»Hast du schon mal was von einem Pendel und einem Zahlenbrett gehört?«

Beim Weitergehen fiel den beiden auf, dass sämtliche Litfaßsäulen und Plakatwände in der Stadt ohne Aussage und mit nichtssagendem Papier in Chamois beklebt waren.

Plötzlich steuerte die Anthroposophin eine Telefonzelle an. Sie nahm darin das an einer dünnen Kette befestigte Telefonbuch in beide Hände, riss die Kette mit einem kräftigen Ruck durch und ging mit der Diebesbeute unterm Arm unbeschwert weiter.

»Sei so nett und sag es niemand, dass ich hier die Post bestohlen habe«, raunte sie der jungen Begleiterin zu, »aber ich habe daheim kein Telefon, will auch nie eins haben. Nur, für das, was jetzt zu tun ist, brauche ich ein Telefonbuch.«

*

Die kleine Straße war erfüllt vom Duft gegrillter Würstchen. Auf dem Parkplatz vor dem Haus der Heilsarmee tummelten sich im Schein der Glühbirnen, die in vier Lichterketten die Szene erhellten, an die hundert Menschen überwiegend jüngeren Alters. Ein Stück entfernt an der Ecke, wo die Nebenstraße in die Hauptstraße einmündete, stand Herta Angersbach und drückte jedem vorbeikommenden Fußgänger einen gelben Einladungszettel in die Hand. »Besuchen Sie uns«, sagte sie, »wir haben heute offenen Abend. Sie sind herzlich eingeladen!«

Die meisten lehnten, freundlich oder unbeteiligt, ab. Ein Mann, etwa Mitte vierzig, nahm mit halbwegs mürrischem Gesicht den gelben Zettel und schlug den Weg in Richtung Heilsarmee ein. Als er den Platz vor dem Haus erreichte, formierte sich gerade ein Jugendchor, teils uniformiert, teils in Zivilkleidung. Mit Gitarrenbegleitung stimmten sie an: »Wenn du doch begreifen könntest, dass dein Jesus dich liebt …!«

Als der Fremde sich den größtenteils besetzten Tischen und Stühlen näherte, sprach ihn ein etwa gleichaltriger Heilssoldat an: »Willkommen! Darf ich Ihnen etwas zu trinken bringen, Cola oder Tee? Wir haben auch Würstchen mit Kartoffelsalat …« Der Gast setzte sich unaufgefordert auf einen freien Stuhl und sagte zu dem sich ebenfalls setzenden Mann von der Heilsarmee: »Was sind denn das für Jugendliche? Wieso sind die nicht an einem Abend wie heute in der Disco?«

Der Glaubenssoldat schmunzelte. »Es gibt auch noch etwas anderes als nur Disco- und Drogenjugend. Dies hier sind junge Christen.«

Er stand auf, angelte von einem als Getränkebuffet hergerichteten Tisch eine Colaflasche und ein Glas und setzte sie seinem Gast vor. »Darf ich mal fragen, was Sie von Beruf sind?«, fragte er.

»Fernfahrer«, antwortete der Mann, dessen Gesicht ein wenig bedrückt wirkte.

»Nun, in Ihrem Beruf muss man ja an Gott glauben«, sagte der Heilsarmist unvermittelt.

Der Fremde blickte ihn fragend an. »Wieso muss ich das in meinem Beruf?«

»Bei alledem, was so täglich auf der Straße passiert und was Sie unterwegs zu sehen kriegen …«

Der Fernfahrer blickte mit starrem Gesichtsausdruck über sein Cola-Glas hinweg und sagte leise: »Sie haben recht – das Schlimmste sind die vielen totgefahrenen Kinder.«

Der Heilsarmeesoldat schwieg einige Sekunden lang. Dann meinte er: »Nun ja, das sind alles Unglücksfälle. Aber noch viel schlimmer finde ich die vielen in unserem Lande abgetriebenen Kinder. Bei denen geht es um Vorsatz. Das ist Mord …«

Plötzlich sank der Kopf des Gastes ein wenig nach vorn. In seinen Augen standen Tränen. »Deswegen bin ich ja geschieden«, sagte er.

»Weswegen sind Sie von Ihrer Frau geschieden?«

Der Fremde brauchte einige Augenblicke, bis er weitersprach: »Weil sie das Kind abgetrieben hat … Mein Kind!«

*

Ein Telefon schrillte am späten Nachmittag in der örtlichen Tageszeitung. Der Lokalredakteur, der gerade die Kaffeemaschine in Gang gesetzt hatte und mit der Vorbereitung der Ausgabe für den nächsten Morgen beginnen wollte, hob den Hörer ab.

»Vielleicht interessiert es Sie: Auf den Litfaßsäulen in unserer Stadt passiert etwas«, rief eine Mädchenstimme.

»Darf ich fragen, mit wem ich spreche?«, wollte der Journalist wissen.

Die Mädchenstimme: »Schauen Sie mal, ob Sie was darüber herauskriegen können. Sämtliche Säulen und Plakatwände sind heute leer. Da soll was im Busch sein!«

Der Redakteur blieb gelassen: »Wissen Sie, auf anonyme Anrufe oder Briefe gehen wir eigentlich nicht ein. Deshalb seien Sie so nett und sagen Sie mir, wer Sie …« Am anderen Ende war eingehängt worden.

Die Jungredakteurin kam herein, um ihren Bericht über die Mai-Kundgebung vom Vormittag ins Drucksystem zu tippen, und schaltete zuerst den Computer ein, bevor sie sich eine Zigarette anzündete. Sie hatte beim Eintreten die letzten Worte, die der Kollege ins Telefon sprach, mitgehört. »War was?«, fragte sie.

»Mal wieder jemand am Spinnen«, knurrte der Lokalchef, »wollte mir was über die Litfaßsäulen erzählen, 'ne junge Frauenstimme, anonym.«

»Die Litfaßsäulen erzählen ja selber nichts«, sagte die Kollegin, »auch die Plakatwände. Sämtliche Werbeflächen der STAREK sind momentan kahl wie die Glatze vom Landgerichtspräsidenten.«

»Sie haben wohl beim alten Dovifat studiert? Der sagte immer: ›Ein Journalist hat stets ein Auge für die Litfaßsäulen; denn die verraten ihm, was los ist in der Stadt!‹ Hab den alten Professor noch gekannt«, schmunzelte der Redakteur. »Aber was sagen Sie? Die Werbeflächen kahl wie die Glatze vom ...? So etwas sagte die Schwätzerin am Telefon auch.«

Schweigend wühlte er im Telefonbuch. Dann wählte er eine Nummer und wartete eine Weile. Als sich niemand meldete, wählte er eine andere Nummer. Auch dort hatte er keinen Erfolg.

»Da müsste doch wenigstens jemand zu Hause zu erreichen sein«, brummte er. »Jetzt versuche ich es mal beim Prokuristen, der ist hier auch mit seiner Privatnummer angegeben.«

Dann meldete sich eine energische Stimme: »Kralle.«

»Stadtzeitung, Lokalredaktion, Gruber«, antwortete der Journalist. »Guten Abend, Herr Kralle! Uns kam etwas zu Ohren, nämlich, dass bei Ihnen etwas im Busch sein soll.«

»Wie meinen Sie das? Was soll denn bei uns im Busch sein?«

»Schöne Gegenfrage. Ihre gesamten Werbeflächen sind zurzeit leer, und da soll in diesen Tagen irgendetwas Ausgefallenes drauf erscheinen – vielleicht was besonders Verrücktes?«

Prokurist Kralle gab sich ruhig. »Nun ja, immer wenn wir etwas Neues in der Mache haben, werden die Flächen vorher neutralisiert. Das ist nichts Unnormales.«

»Aber wie kommt es«, hakte der Redakteur nach, »dass man uns ausgerechnet heute zuträgt, bei Ihnen sei mit etwas Außergewöhnlichem zu rechnen?«

»Wer hat Ihnen denn von so etwas Außergewöhnlichem erzählt?«

»Das kann ich Ihnen nicht genau sagen«, erwiderte der Redakteur, wobei seine Stimme eine deutliche Schärfe annahm. »Sie geben aber damit zu, dass tatsächlich was Außergewöhnliches bei Ihnen anliegt, oder?«

Kralle brach dem Angriff die Spitze ab, indem er ein Lachen vernehmen ließ: »Fragen Sie immer so suggestiv?«

Redakteur Gruber lachte knapp und hart zurück. Dann probierte er es wieder mit der sanften Welle: »Ehrlich gesagt, ich kann mir auf keine Weise vorstellen, was in der Plakatwerbung Aufregendes passieren könnte. Wenn man jedoch schon vorher von außen her mit der Nase draufgestoßen wird, dann fragt man einfach mal nach. Deshalb meine Frage an Sie: Gibt es bei Ihnen tatsächlich etwas Exorbitantes, oder ist das bloß ein dummes Gerücht?«

Kralle überlegte einen Augenblick lang. »Ein wenig exorbitant, wie Sie sagen, ist es schon«, antwortete er dann. »Nur weiß ich nicht, ob es für Sie eine

Sensation darstellt. In diesen Tagen wird etwas sehr Ungewohntes auf unseren Werbeflächen erscheinen ...«

»Können Sie mir nicht wenigstens 'nen kleinen Tipp geben, in welche Richtung sich das bewegt? Ist es was Politisches, was Pornografisches, was Künstlerisches oder was sonst?«

»Nichts von alledem. Die Sache, so viel kann ich Ihnen verraten, kommt aus dem evangelikalen Lager.«

»Ach du dickes Ei! Es ist was Frommes«, rief der Journalist in den Apparat. »Und darüber regen sich die Leute schon vorher auf?«

Konrad Kralle musste wieder lachen. »So ist es. Mehr kann ich Ihnen nun nicht mehr sagen. Ich glaube, das genügt Ihnen wohl auch?«

»Selbstverständlich! Lassen wir's dabei bewenden«, sagte Gruber, »vielen Dank für Ihre Offenheit! Auf Wiederhören!«

In den ersten Stunden, in denen die Menschen zu den Bushaltestellen oder mit dem eigenen Fahrzeug in Richtung Arbeitsplatz huschten, wurde die Veränderung noch nicht mit Bewusstsein registriert. Man nahm die neuen Produkte der Werbung draußen an den Litfaßsäulen und den Plakatwänden nur mit halbem Auge wahr. Die davon ausgelöste Unruhe schlich sich durch eines der unterbewussten Hintertürchen ein. Eigentlich traf es nur die Frauen. Unter den Männern reagierte kaum jemand. In den Büros, an den Fließbändern, den Schaltern, zwischen den Lagerregalen und in den Lebensmittelgeschäften kam es zu den ersten Gesprächen.

Die Plakate draußen. Was war mit den Plakaten? Sie waren nicht alle gleich, hatten aber alle den gleichen Gedanken zu verkaufen. In gestochen scharfem Schwarzweiß-Druck schauten in überdimensionalen Größen pausbackige Babygesichter die Menschen an. Es waren Gesichter, von deren großen Kulleraugen alle Blicke nahezu automatisch angezogen wurden. Gesichter, die das Geschlecht des Babys nicht erkennen ließen. Gesichter, die ohne Ausnahme in den Betrachtern eine bestimmte Saite anschlugen und spontan ein Gefühl der Sympathie hervorriefen.

Aus dem oberen Rand jedes der Plakate klotzten vor grauschwarzem Hintergrund dreißig Zentimeter hohe Buchstaben in hellem Weiß. So las man auf dem einen: »Mama! Warum hast du mich abgetrieben?« Auch im unteren Bildrand sah man Buchstaben, die jedoch nur 7,5 Zentimeter hoch waren und deshalb nicht ganz so wuchtig über die ganze Straßenbreite sprangen: »Und sie taten nicht Buße von ihren Mordtaten noch von ihren Zaubereien, noch von ihrer Hurerei …« In noch kleinerer Schrift war angefügt: »Die Bibel: Offenbarung 9,21.«

Über einem anderen Säuglingsgesicht mit leuchtenden Augen und strahlendem Lächeln prangten zwei Zeilen: »Mama, ich könnte dein Kind sein! Warum hast du mich umgebracht?« Und ganz unten: »Eure Hände sind mit Blut befleckt und eure Finger mit Ungerechtigkeit; eure Lippen reden Lüge, eure Zunge spricht Unrecht.« Zum Schluss kleingedruckt: »Die Bibel: Jesaja 59,3.«

Aus den weit auf gerissenen Augen eines auffallend zarten Gesichtchens sprach jene bekannte, besonders anrührende Mischung aus Frage und Hilflosigkeit. Oben bellten die Buchstaben: »Mama! Wieso ließ man dich am Leben und mich spucktest du in den Ausguss?« Der untere Plakatrand: »Könnte auch eine Frau ihren Säugling vergessen, dass sie sich nicht erbarmte über den Sohn ihres Leibes?« Dazu die Quellenangabe: »Die Bibel: Jesaja 49,15.«

Ein besonders wohlgenährtes Gesicht mit fest geschlossenen Augen drückte mit suggestiver Macht die unbeschwerte Zufriedenheit des Babyschlafs aus. Passend dazu krachte der Haupttext oben aus dem Bild: »Mama! Seit du mich abgetrieben hast, ruhe ich in Frieden. Geht's dir gut?« Dazu unten: »Den Feigen aber und Ungläubigen und mit Gräueln Befleckten und Mördern und Hurern und Zauberern und Götzendienern und allen Lügnern – ihr Teil ist in dem See, der mit Feuer und Schwefel brennt, welches der zweite Tod ist. – Die Bibel: Offenbarung 21,8.«

*

Philipp betrat als erster den Unterrichtsraum, rückte fünf Stühle zu einer Runde zusammen und setzte sich auf einen davon. Er nahm seine Taschenbibel zur Hand und schlug das Neue Testament auf.

Dann ging die Tür. Andrea und Ann-Christin kamen herein und setzten sich dazu. Keine halbe Minute später folgte Lukas. Er saß noch nicht ganz auf seinem Stuhl, da flog die Tür auf und Laura stand atemlos im Raum.

»Habt ihr das in der Stadt gesehen?«, stieß sie hervor.

»Meinst du die Litfaßsäulen und die Plakatwände? Ja, die hab ich gesehen«, sagte Philipp, »die sind große Klasse!«

»Zwei verschiedene Motive sind mir aufgefallen«, fügte Lukas hinzu.

Andrea sagte: »Ich habe aber vier gezählt. Und ich muss ehrlich sagen, ich finde sie ziemlich hart …«

»Ich hab den Eindruck«, schaltete sich Ann-Christin ein, »dass die Plakate mit Absicht so 'n bisschen ›shocking‹ gemacht sind. Die sollen provozieren.«

Lukas schaute Laura an, die immer noch heftig nach Luft rang. »Warum bist du denn so aus dem Häuschen?«

»Die Plakate … Mensch, diese Plakate …«, keuchte sie, »die sprechen mir aus dem Herzen … Seit ich bei Dr. Angelus abgehauen bin, hat es mich nicht mehr in Ruhe gelassen. Immer habe ich mich gefragt, ob man nicht öffentlich was gegen das viele Abtreiben machen kann. Und heute Morgen sowas!«

»Und jetzt ist dir vor Schreck die Luft weggeblieben?«, meinte Philipp.

»Ich bin doch nur aus der Puste, weil ich zu spät kam und die Treppen hinaufgerannt bin …«

»Und zu spät gekommen bist du«, sagte Andrea, »weil du unterwegs die Plakate zu gründlich angeschaut hast.«

»Ich bin gespannt«, fuhr Laura fort, »was die Babygesichter mit den Schlagzeilen für 'ne Wirkung hervorrufen werden.«

»Davon versprich dir nur nicht zu viel«, lächelte Philipp. »Die Leute sind im Großen und Ganzen abgestumpft, um nicht zu sagen, abgebrüht.«

»Auf einem Plakat steht unten zu lesen: ›Könnte auch eine Frau ihren Säugling vergessen, dass sie sich nicht erbarmte über den Sohn ihres Leibes?‹«, hielt Laura ihm entgegen. »Glaubst du, das könnte spurlos an einer Frau, die abgetrieben hat, vorbeigehen?«

»Ich finde auf jeden Fall«, meinte Ann-Christin, »das Beste auf den Plakaten sind die Bibelworte.«

»Stimmt genau«, sagte Philipp, »lasst uns nicht die ganze kostbare Zeit mit Debatten vertun, sondern noch ein Wort der Bibel anschauen. Danach haben wir nur noch Zeit zum Beten für höchstens zwei von uns.«

Er las aus dem Buch der Offenbarung vor: »Und der, der auf dem Thron saß, sprach: Siehe, ich mache alles neu. Und er spricht zu mir: Schreibe, denn diese Worte sind gewiss und wahrhaftig. Und er sprach zu mir: Es ist geschehen. Ich bin das Alpha und das Omega, der Anfang und das Ende. Ich will dem Dürstenden aus der Quelle des Wassers des Lebens geben umsonst. Wer überwindet, wird dieses erben, und ich werde ihm Gott sein, und er wird mir Sohn sein. Den Feigen aber und Ungläubigen und mit Gräueln Befleckten und Mördern und Hurern und Zauberern und Götzendienern und allen Lügnern – ihr Teil ist in dem See, der mit Feuer und Schwefel brennt, welches der zweite Tod ist.«

Als Philipp seine Bibel zuklappte, sagte Lukas: »Passt zu unserem Thema heute Morgen ...«

*

Theresa Amberger zerbiss einen Fluch zwischen den Zähnen. »Wer hat das gemacht?«, sagte sie zu sich selbst. »Den könnte ich umbringen!«

Fassungslos stand sie einige Sekunden vor der großen Plakatwand, bevor sie in Richtung Gymnasium weiterging. Ihr Gesicht hatte eine kalkweiße Farbe angenommen. Unterwegs steigerte sich ihre Nervosität. Ein Zittern durchlief ihren Körper. Kurz vor dem Ziel wurde ihr klar, dass sie heute nicht imstande sein würde, vor irgendwelchen Schülern zu stehen.

Sie kehrte um, ließ dic Blicke über die Straße irren, steuerte dann eine Telefonzelle an, um ein Taxi herbeizurufen. Nach nur einer Minute war die Droschke zur Stelle. »Zum Frauenhaus«, sagte sie kurz.

*

Den Augenblick, da die Religionslehrerin in das Taxi stieg, nahm Lena noch wahr, als sie auf dem Weg zur Schule mit ihrem Mofa um die Straßenecke bog. »Wir haben heute die zweite Stunde bei ihr«, dachte die Schülerin. »Wo will sie denn jetzt noch hin?«

Zu Beginn der zweiten Stunde kam die den Direktor vertretende Studiendirektorin herein und erklärte, der Religionsunterricht müsse ausfallen, weil Frau Amberger nicht anwesend sei. Die Stunde dürfe genutzt werden für das Bearbeiten von Aufgaben für andere Unterrichtsfächer.

»Das hängt mit den Plakaten zusammen«, schoss es Lena im gleichen Moment durch den Kopf. Eine klare Begründung für diesen Verdacht konnte sie sich selbst nicht geben. Aber sie war sich des Gedankens völlig gewiss.

Dann stand sie auf, ging hinter der Konrektorin her und sagte ihr draußen auf dem Flur: »Ich sah Frau Amberger fünf Minuten vor Schulbeginn in ein Taxi steigen.«

»Wo war das?«, wollte die Studiendirektorin wissen. Lena überlegte einen Augenblick. »Das war vor der Telefonzelle an der Ecke Leipziger Straße / Goethestraße.«

»Sag mal, Lena, ich hörte, du seiest von daheim weggegangen und lebst jetzt im Frauenhaus«, sagte die Konrektorin unvermittelt. »Glaubst du, dass du in ein solches Haus besser passt als in dein Elternhaus?«

Lena spürte, wie ihr das Blut in den Kopf stieg. »Wenn ich ehrlich sein soll«, sagte sie, »nein …«

Die Lehrerin wandte sich zum Gehen und sagte freundlich: »Dann überleg dir das noch einmal.«

Lena fragte hinter ihr her: »Was soll ich überlegen?«

Die Studiendirektorin war jedoch schon in einen anderen Schulflur abgebogen und gab keine Antwort mehr.

Im Grunde wusste Lena genau, was sie sich zu überlegen hatte. Aber den Gedanken an eine Rückkehr nach Hause empfand sie noch als eine zu große Selbstdemütigung. Und außerdem fand sie das Leben unter den »Schwestern« von der Frauenbewegung gar nicht so übel.

Wahrscheinlich würde sie dort heute Mittag beim Essen hitzige Diskussionen über die am Morgen das Stadtbild beherrschenden Plakate zu hören bekommen. Aber das könnte ja recht interessant werden.

*

Gegen zehn Uhr läutete das Telefon auf dem Schreibtisch des Landrats im 13. Stock des Kreishauses. »Da ist die Kirche dran«, sagte ihm die Stimme der Vorzimmerdame. »Kommen lassen«, antwortete der Landrat.

»Telefonseelsorge, Meier«, tönte es aus der Muschel. »Herr Landrat, da ist heute Morgen ein besonderes Problem.«

Dem Verwaltungschef fiel auf, dass die Stimme des Telefonseelsorgers aufgeregt klang. »Ich denke, fürs Problemelösen sind Sie da«, flachste er, »und jetzt wenden Sie sich an mich?«

»Es ist wegen der neuen Plakate an den Litfaßsäulen und anderen Werbeflächen …«

»Ja, die habe ich auf dem Weg hierher gesehen«, unterbrach der Landrat den Anrufer erneut. »Mal was völlig Ausgefallenes, aber irgendwie hochinteressant …«

»Herr Landrat! Entschuldigen Sie, dass ich Sie unterbreche. Es herrscht eine Notsituation. Wir wissen uns hier vor Anrufen nicht mehr zu retten. Es sind ausschließlich Frauen. Die meisten äußern Selbstmordabsichten!«

»Nun ja, die es äußern, die tun's dann am Ende meist nicht«, meinte der Landrat.

»Aber die ungezählten, die uns nicht anrufen und nichts äußern! Sie wissen doch, was bei uns ankommt, ist immer nur die bekannte Spitze vom Eisberg«, hielt Telefonseelsorger Meier entgegen.

»Und was soll ausgerechnet ich dagegen tun? Ihr von der Kirche seid es doch, die jeder Frau, wenn sie abtreiben will, auf Wunsch noch einen Zuschuss zahlt!«

»Die evangelische Kirche tut das. Wir nicht«, sagte Meier. »Ich gehöre zur katholischen Kirche. Die Telefonseelsorge ist eine ökumenische Einrichtung …«

»Also noch einmal«, meinte der Landrat, »wieso rufen Sie mich an? Was habe ich mit der ganzen Sache zu tun?«

Der Telefonseelsorger entwarf dem Politiker einen nahezu kompletten Einsatzplan: Die über hundert Meter hohe Autobahnbrücke kurz hinter dem Klärwerk am Stadtausgang – der gefährlichste Punkt für Selbstmörder –, aber auch die meisten Straßenbrücken, die über eine Eisenbahnlinie führten, müssten polizeilich überwacht werden. Dazu würde es angebracht sein, die Einsatzzentrale der Krankentransportfahrzeuge unverzüglich um einige Notärzte zu verstärken.

Wie auf Bestellung tönte im nächsten Augenblick von draußen das erste Martinshorn durch die Doppelscheiben des Bürofensters. »Meinen Sie, es wäre so akut?«, fragte der Landrat.

»Sonst würde ich Sie nicht belästigt haben«, antwortete der Telefonseelsorger mit Nachdruck. »Sie sind der oberste Chef der gesamten Polizei im Kreis. Wenn einer hier schnell und effektiv helfen kann, dann sind Sie es!«

Der Landrat versprach, sein Bestes zu tun, und legte auf. Dann drückte er die Sprechtaste: »Frau Busch!«

Als sie den Raum betrat, schmetterte er ihr, ohne den Blick von den Akten zu heben, entgegen: »Mein Stellvertreter, dazu die Leiter von Kripo und Schutzpolizei, Punkt elf Uhr Konferenz hier bei mir!«

Währenddessen tönten draußen bereits drei oder vier Martinshörner im Konzert.

*

Es war Annelies Stimme, die morgens um neun bei Staatsanwalt Nils Brend durch den Hörer kam: »Bei nächster Gelegenheit darfst du dem Städtischen Tiefbauamt mitteilen, welchen Typ von Baby du dir wünschst.«

»Von was sprichst du? Was heißt hier ›Typ von Baby‹?«, fragte er ein wenig ruppig zurück.

Sie ließ ein spitzbübisches Lachen hören: »Seit heute Morgen präsentieren sich uns von den Werbeflächen in der Stadt vier verschiedene Babytypen, einer süßer als der andere. Ich hätte gern gewusst, welches dir am besten gefällt!«

»Nun hör auf«, knurrte Nils, »fehlt nur noch, dass du mich auch noch fragst, ob ich die Bibelstellen von den Plakaten schon auswendig gelernt habe …«

»Du kannst sagen, was du willst«, setzte sie nach, »aber die Bibelverse sind es, die den Aussagen der Plakate offenbar die eigentliche Schlagkraft geben.«

»Sag mal – wirst du jetzt fromm?«

Sekundenlange Pause. Dann Annelie: »Und wenn …?«

»Ich muss jetzt aufhören. Hier kommt gerade auf dem anderen Apparat ein zweites Gespräch herein.«

»Noch eins möchte ich irgendwann heute Abend wissen«, rief Annelie schnell in den Hörer. »Sag mir mal, wie heute Mittag das Urteil gegen die Brollikowski ausgefallen sein wird!«

*

Während des Vormittags schwoll das Konzert der Martinshörner in den Straßen der Stadt zeitweise mächtig an, dann wieder ab, um im nächsten Moment wieder loszubrechen.

Gruber traf vor der Haustür mit seinem Volontär Krüglein zusammen. »Da draußen muss unheimlich was los sein«, sagte Krüglein im Aufzug.

»Sie merken auch alles«, antwortete Gruber, »und wenn wir jetzt in die Redaktion kommen, dürfen Sie zuerst und sofort bei der Feuerwehr nachfragen.«

Die Telefonnummer der Feuerwehr gehörte zu denen, die jeder in der Lokalredaktion im Kopf hatte. »Stadtzeitung. Hier Krüglein«, sagte er und hörte schon im Hintergrund der Einsatzzentrale aufgeregte Stimmen aus dem Sprechfunkgerät. »Ihr macht ja einen Riesenlärm. Was ist denn los in der Stadt?«

Dabei war ihm eingefallen, dass Gruber eigentlich mithören sollte. Er schaltete den kleinen Lautsprecher des Telefons ein. So hörten alle, auch die gerade hereinkamen, die Stimme des stellvertretenden Einsatzleiters: »Mensch, Sie fehlen mir gerade noch! Bei uns sind die Puppen am Tanzen!«

»Aber was ist denn? Man hat nichts knallen gehört. Keine Rauchfahne ist über der Stadt zu sehen …«

»… eine Welle von Selbstmordversuchen! Heute Morgen sind schon zwei von der Autobahnbrücke gesprungen«, schrie der Feuerwehrmann, wobei sich seine Stimme fast überschlug. »Dann Anrufe von überall: Vergiftungen, Fensterstürze und sowas alles. Hinter der Gartenstadt lag schon eine Leiche, auf die übliche Weise zerteilt, auf den Eisenbahnschienen …«

»Ist ja wohl nicht zu fassen! Haben Sie irgend'ne Erklärung dafür?«

»Fragen Sie mich was Leichteres«, brüllte der Hauptbrandmeister, »aber das eine fällt auf: Es sind ausnahmslos Frauen!«

»Dann wollen wir der Sache nachgehen«, sagte der Volontär. »Vielen Dank für Ihre Auskunft! Auf Wiederhören!«

Die Runde schaute sich sprachlos an. Dann warf Gruber der Jungredakteurin, die am Vortag den anonymen Telefonanruf mitbekommen hatte, einen Blick zu. Sie erschrak sichtbar und sagte in die Stille nur: »Die Plakate …!«

Während die anderen sich an ihre Schreibtische und Computer begaben, stützte der Lokalchef den Köpf auf beide Hände und überlegte angestrengt. Dann griff er zum Telefon und rief im Kirchenamt an: »Den Herrn Superintendenten hätte ich gerne!«

Kurz darauf vernahm er die sonore Stimme des Synodenvorstehers: »Jungknecht. Guten Morgen, Herr Gruber! Was verschafft mir die Ehre …?«

»Was ist denn bloß in der Stadt los?«, fiel der Journalist dem Kirchenmann ins Wort. »Wir hören hier was von einer Selbstmordwelle …«

»Ja, unsere Telefonseelsorge teilte uns das bereits mit«, antwortete der Superintendent. »Von dort aus ist schon der Landrat gebeten worden, die suizidal allergischen Punkte unserer Stadt durch Polizei beaufsichtigen zu lassen.«

»Sowas hat es aber noch nie gegeben. Haben Sie eine Erklärung für das alles?«

»Unsere Vermutung geht dahin«, meinte der Superintendent vorsichtig, »dass möglicherweise die seit heute früh in der Stadt laufende Plakataktion eine solche Negativstimulation hervorgerufen haben könnte.«

»Die Vermutung hatte ich auch«, sagte Gruber, »aber ich wollte es noch einmal von Ihnen hören. Und Sie haben's mir bestätigt. Vielen Dank! Auf Wiederhören!«

*

Das fortlaufende Heulen der Martinshörner wurde unter den Schülern des Gymnasiums kaum registriert. Lena hatte an diesem Morgen ganz besondere Schwierigkeiten, sich zu konzentrieren. Immer wieder wanderten ihre Gedanken zu den anziehenden Babygesichtern, die sie am Morgen von den Plakaten her angeschaut hatten. Und dann standen darunter Worte aus der Bibel – dem Buch, das in ihrem Leben eine so schwerwiegende Rolle spielte.

Vor allem eines der Bibelzitate war tief in ihr hängen geblieben: »Eure Hände sind mit Blut befleckt und eure Finger mit Ungerechtigkeit …« Sie fühlte sich persönlich angesprochen.

»Aber ich habe mein Kind ja nicht umgebracht«, sagte sie sich innerlich und wusste dabei nicht, ob sie sich erleichtert oder noch mehr beschwert fühlte.

Im nächsten Moment hörte sie im Ohr wieder die Stimme ihrer heute nicht erschienenen Religionslehrerin, wie sie gestern zu ihr gesagt hatte: »… den Mann vergisst du, die Schwangerschaft beseitigst du, wir helfen dir bei beidem, und dann gehst du erst mal wieder in dein Elternhaus und bist ein ganz normales junges Mädchen …!«

Diese Aussicht, so alles möglichst spurlos hinter sich zu bringen, ja, beinahe ungeschehen zu machen, war zu verlockend, als dass Lena sie schlicht von sich hätte weisen mögen.

*

Konrad Kralle saß an seinem Schreibtisch und rauchte eine Zigarette nach der anderen. Ihm gegenüber hockte der vierköpfige Betriebsrat. Sie alle rauchten ebenfalls. Um nicht im eigenen Qualm zu ersticken, hatten sie das Fenster weit geöffnet. Daher sägten die Martinshörner umso schmerzhafter an ihren Trommelfellen und Nerven.

»Das ist doch alles Quatsch«, brummte einer der Betriebsräte, wobei herauszuhören war, dass er seinen eigenen Worten nicht so recht glaubte. »Als ob das da draußen etwas mit unseren Plakaten zu tun hätte ...!«

In dem Augenblick kam die Sekretärin herein. »Da ist ein Herr von der Stadtzeitung ...«

»Auch das noch!«, stöhnte Kralle auf und sagte zu den Männern: »Passt auf, was jetzt kommt!« Dann sagte er zu der Sekretärin: »Bringen Sie ihn herein!«

Der Journalist trat ein. »Gruber von der Stadtzeitung. Guten Morgen. Ich hätte eine Frage: Von wem stammt der Plakatierungsauftrag, den Sie heute früh ausgeführt haben?«

Kralle schaute blitzschnell die Kollegen an und fragte zurück: »Darf ich fragen, weshalb Sie das interessiert?«

Der Redakteur verlor ein wenig die Fassung. »Hören Sie die Martinshörner? In der Stadt ist eine Art Selbstmord-Epidemie ausgebrochen«, sagte er heftig. »Man springt von der Autobahnbrücke, wirft sich vor den Zug, stürzt sich aus dem Fenster, schluckt kiloweise Tabletten, schlitzt sich die Pulsadern auf, und zwar ausschließlich Frauen! Und dann fragen Sie mich so etwas!«

Einige Sekunden lang herrschte Schweigen. Nur ein einziges Martinshorn tönte von draußen herein. Dann gesellte sich in der Ferne ein zweites, im nächsten Augenblick ein drittes hinzu.

»Sagen Sie mir, wer hat diese Plakataktion veranlasst?«, begann der Journalist leise und gespannt von vorn.

»Wenn ich es auch sagen wollte, ich kann's leider nicht«, sagte Kralle.

Aus den Augen des Zeitungsmenschen schienen Funken zu sprühen. »Das wollen Sie mir allen Ernstes weismachen?«

Konrad Kralle behielt die Ruhe und sagte: »Lassen Sie sich das einmal von unserem Betriebsratsvorsitzenden erklären.«

Martin Geroldsheim stand auf, sodass ein Stuhl frei wurde, und bot Gruber den Platz an. Der lehnte dankend ab.

»Sie wissen ja, dass wir ein Privatunternehmen sind und die Abschlüsse fast alle durch unseren Chef persönlich getätigt werden«, begann der Betriebsratsvorsitzende. »Und diesmal hat der Chef ein besonderes Kabinettstück geliefert: Er gab uns ohne jede nähere Erklärung diesen Auftrag weiter und verschwand mit seiner Familie ab in den Urlaub. Und nun kommt das Schönste – keiner von uns weiß erstens, wo er ist, und zweitens, wann er zurückzukommen gedenkt.«

Der Redakteur grinste säuerlich, machte eine wegwerfende Handbewegung und sagte: »Ist ja schon gut, meine Herren – ich glaube Ihnen jedes Wort. Wiedersehen.«

Als Gruber draußen war, schauten sich der Prokurist und die Betriebsräte fragend an. Dann nahm Kralle das Telefon und wählte die Nummer des Rechtsanwalts, der für die Firma arbeitete.

»Sagen Sie, Herr Dr. Grundmann, haben Sie heute Vormittag in der Stadt unsere neuen Plakate näher betrachtet?«

»Aber selbstverständlich, Herr Kralle! Ihr Chef und ich wussten schon vorher, was darauf zu sehen sein würde. Und ich muss sagen, die Wirkung scheint nicht von Pappe zu sein …«

»Sehen Sie, ich wende mich an Sie als Juristen«, sagte Kralle, »weil mich nur die eine Frage interessiert: Kann man uns wegen der Folgen, die wohl ziemlich sicher unseren Plakaten zuzuschreiben sind, irgendwie strafrechtlich belangen? Könnte es mit irgendeiner offiziellen Stelle Ärger geben?«

Der Anwalt antwortete: »Genau diese Frage haben Ihr Chef und ich zuvor ausgiebig erörtert. Ich kann Sie, ebenso wie ihn, beruhigen und Ihnen versichern, dass dem Plakat nichts anhaftet, was strafrechtlich relevant wäre, weder etwas Pornografisches noch sonst etwas unmittelbar Anstößiges. Im Gegenteil. Die Plakate enthalten Bibelworte. Und die sind zum Glück in unserem Staat nicht verboten!«

»Aber all die Selbstmordversuche in der Stadt …«

»Wer hat Ihnen das gesagt?«, fragte der Rechtsanwalt.

Kralle antwortete: »Die Presse war vor wenigen Minuten hier und hat uns aufgeklärt. Der Journalist wollte von uns den Auftraggeber erfahren. Wir haben ihm ehrlich gesagt, dass wir nichts darüber wissen. Er hat uns kein Wort geglaubt.«

Dr. Grundmann lachte kurz auf. Dann sagte er: »Was also die Plakate betrifft – die darauf befindlichen Knalleffekte sind rein moralischer Art und treffen ausschließlich den, den's betrifft. Insgesamt bieten die Gesichter der Kleinkinder einen erfreulichen Anblick. Was eventuell durch die dazugehörigen Texte bei diesen oder jenen Personen ausgelöst wird, wird durch keinen einzigen Strafrechtsparagrafen erfassbar sein.«

»Klingt beruhigend«, meinte Konrad Kralle.

»Ist es auch!«, bekräftigte der Rechtsanwalt. »Wenn Sie von irgendwoher in dieser Sache Ärger bekommen sollten, rufen Sie mich sofort an!«

»Danke, geht in Ordnung«, sagte der Prokurist. »Aber jetzt habe ich an Sie noch eine letzte Frage: Wissen Sie, wo unser Chef abgeblieben ist?«

»Ich weiß es, stehe aber in diesem Punkt unter allerstrengster Schweigepflicht, auch Ihnen gegenüber!«

»Hätte ich auch nicht anders erwartet«, knurrte Kralle ein wenig gereizt. »Es beruhigt mich lediglich, zu wissen, dass es hier in der Stadt wenigstens einen Menschen gibt, der den Aufenthaltsort des Chefs kennt.«

*

Luise Hensels Augen blieben zunächst an dem Babygesicht hängen. Sie fühlte sich an ihr eigenes erstes Kind erinnert, obwohl die Tochter längst verheiratet war und draußen in der Stahlkochersiedlung des Industriestadtteils einen gut gehenden Friseursalon betrieb. Etwa so wie das Kleinchen auf der Litfaßsäule hatte Katharina vor über dreißig Jahren auch ausgesehen.

»Na ja, Babys sehen alle ziemlich gleich aus«, dachte Luise, »und doch sieht wohl kaum einer die Unterschiede besser als eine Mutter.« Auch Matthias, der Berufssoldat geworden war, und Stefanie, die in einer

Wohngemeinschaft bei den Hausbesetzern hinter dem Bahndamm lebte, waren gesunde, gut aussehende Säuglinge gewesen.

Es dauerte eine kleine Weile, bis Luises Augen und Verstand erfassten, was oben in dicken Lettern auf dem Plakat stand: »Mama! Warum hast du mich abgetrieben?« Dann las sie mit ganzem Bewusstsein den unteren Aufdruck: »Und sie taten nicht Buße von ihren Mordtaten noch von ihren Zaubereien, noch von ihrer Hurerei …«

Die Frau spürte, wie sich etwas in ihr zusammenzog. Ihre rechte Hand verkrampfte sich um die Tragegriffe ihrer Einkaufstasche. Sie schloss für einen Moment die Augen, drehte dann um und ging schleppenden Schrittes zu ihrer Wohnung zurück, wobei sie weder die freundlich grüßende Nachbarin noch den Postboten noch sonst etwas um sich her wahrnahm.

Im Flur hängte sie ihre Jacke an den Garderobenhaken. Dann setzte sie sich an den Küchentisch, stützte die Ellenbogen auf und legte das Gesicht in die Hände. »O Gott«, sagte sie halblaut vor sich hin, »ich dachte, das wäre endlich vorbei gewesen …«

In dem Augenblick ging das Telefon. Luise zögerte ein wenig, nahm dann aber doch den Hörer ab.

»Hier ist Henriette!«, meldete sich die bekannte, frische Stimme. »Bist du es, Luise?«

»Ja, ich bin's«, hauchte Luise müde in den Apparat.

»Ich kann schon an deiner Stimme hören, was mit dir los ist«, fiel Henriette sofort mit der Tür ins Haus, »du bist auch draußen gegen die Plakate gerannt. Ich rufe gerade schnell alle meine ›Sorgenkinder‹ an, und auch dir muss ich jetzt eines sagen: Lass dich davon nicht mehr zurückwerfen! Hörst du, Luise? Du hast dein Leben vor Gott bereinigt. Du hast deine Schuld bekannt und Jesus als deinen Herrn angenommen. Er hat dir alle Sünden deiner Vergangenheit vergeben, alle! Auch deine abgetriebenen Kinder! Und deswegen kannst und sollst du jetzt Frieden im Herzen haben!«

»Das fällt im Augenblick sehr schwer«, sagte Luise nach einer kurzen Pause des Schweigens. »Aber ich bin dir dankbar, dass du mich jetzt angerufen hast …«

»Wo hast du deine Bibel?«, fragte Henriette.

»Die liegt hier vorn auf dem Küchenschrank«, antwortete Luise.

»Wenn ich aufgelegt habe, nimm sie und schlag Psalm 103 auf«, rief Henriette in dem ihr eigenen Tonfall aus Kommando und Ermunterung. »Da steht: ›… der da vergibt alle deine Ungerechtigkeit, der da heilt alle deine Krankheiten.‹ Da findest du wieder das Wort ›alle‹! Tschüss, Luise! Mach's gut!«

Luise tat, wie Henriette ihr geraten hatte, und las den ganzen Psalm bis zum Schluss durch. In der Mitte stieß sie auf die bekannten Verse: »Er hat uns nicht nach unseren Sünden getan und uns nicht nach unseren Ungerechtigkeiten vergolten. Denn so hoch die Himmel über der Erde sind, ist gewaltig seine Güte über denen, die ihn fürchten; so weit der Osten ist vom Westen, hat er von uns entfernt unsere Übertretungen. Wie ein Vater sich über die Kinder erbarmt, so erbarmt sich der HERR über die, die ihn fürchten.«

Da fing es in Luise an, wieder hell zu werden. Am Ende des Psalms konnte ihr Herz in das vierfache Lob Gottes wieder mit einstimmen: »Preist den HERRN, ihr seine Engel …! Preist den HERRN, alle seine Heerscharen …! Preist den HERRN, alle seine Werke …! Preise den HERRN, meine Seele!«

»Herr Jesus, ich danke dir«, betete sie, »dass ich alle meine Schuld unter deinem Kreuz abladen durfte und dass ich jetzt wieder fröhlich sein darf! Amen.«

Luise zog ihre Jacke wieder an, nahm die Tasche und machte sich zum zweiten Mal auf den Weg zum Supermarkt. Jetzt ging es bereits auf den Mittag zu. »Was mag bloß in der Stadt los sein?«, dachte sie, als sie die Vielzahl der Martinshörner hörte.

*

Sophie Schoppmann erkannte, dass sie die Einzige zu sein schien, die jetzt die Nerven behielt. Das gesamte Frauenhaus war seit dem Morgen durcheinandergescheucht wie ein großer Hühnerstall, in den der Fuchs eingebrochen ist.

Als erste war Theresa Amberger – ausgerechnet die! – ins Haus gestürzt, hatte auf alle Fragen keine Antwort gegeben und sich nur heulend in eine Ecke von Sophies Zimmer verzogen. Nach und nach war eine nach der anderen gekommen, allesamt völlig verstört und in Panikstimmung.

Lediglich Lillian war trotz ihres aufgelösten Zustands noch in der Lage gewesen, auf die Frage der Sozialarbeiterin einige klare Auskünfte zu geben. »Geh mal zum Tor und schau dir auf der anderen Straßenseite die Plakate an. Die ganze Stadt ist voll davon …«

Sophie hatte die Aufforderung befolgt, und ihre Augen waren gegen die zwei drüben nebeneinanderstehenden Werbeflächen geprallt. Formatfüllend und überdimensional groß schauten von dort zwei verschiedene Babygesichter herüber.

Über dem einen war zu lesen: »Mama! Wieso ließ man dich am Leben und mich spucktest du in den Ausguss?« Über dem anderen Gesicht, das nicht direkt schaute, sondern dessen Augen wohlig geschlossen waren, bellten die Buchstaben: »Mama! Seit du mich abgetrieben hast, ruhe ich in Frieden. Geht's dir gut?«

Auf dem unteren Rand der beiden Riesenposter las Sophie: »Könnte auch eine Frau ihren Säugling vergessen, dass sie sich nicht erbarmte über den Sohn ihres Leibes?«, und: »Den Feigen aber und Ungläubigen und mit Gräueln Befleckten und Mördern und Hurern und Zauberern und Götzendienern und allen Lügnern – ihr Teil ist in dem See, der mit Feuer und Schwefel brennt, welches der zweite Tod ist.«

Kurz entschlossen ging sie ans Telefon und rief bei der STAREK an. Dort meldete sich eine Frauenstimme.

»Ich hätte gern die Geschäftsleitung gesprochen.«

Die Stimme am anderen Ende: »Einen Augenblick bitte. Ich verbinde Sie mit Herrn Kralle, unserem Prokuristen.«

Dann die andere Stimme: »Hier Kralle.«

»Schoppmann«, sagte Sophie. Sie gab sich alle Mühe, ruhig und höflich zu bleiben. »Können Sie mir sagen, wer den Auftrag gegeben hat, die Plakate mit den Babys in der Stadt anzukleben?«

»Nein, das kann ich leider nicht …«

Sophie knallte den Hörer auf den Apparat, zischte ein paar Verwünschungen in sich hinein und sah durch das Fenster, wie draußen Lena mit ihrem Mofa und der prallen Schultasche auf dem Gepäckträger durch das Tor in den Park einbog.

Dann machte sie noch einen weiteren Versuch und wählte die Justizbehörden an. »Herrn Staatsanwalt Brend bitte!«

Der meldete sich nach kurzer Wartezeit.

»Sie haben sicherlich heute früh in der Stadt die Plakate mit den Babygesichtern gesehen«, begann Sophie. »Wissen Sie zufällig, wer das bei der STAREK in Auftrag gegeben hat?«

Der Staatsanwalt hakte zurück: »Frau … Wie war doch gleich der Name?«

»Schoppmann!«

»Ich überlege gerade krampfhaft, woher wir uns kennen …«

»Entschuldigen Sie, dass ich das nicht sofort gesagt habe«, antwortete Sophie, »ich bin die Sozialarbeiterin, die in Angelegenheiten des Frauenhauses an einigen Gerichtsverhandlungen als Zeugin oder auch als Gutachterin teilgenommen hat.«

»Weiß Bescheid! Alles wieder klar«, rief Brend. »Aber wieso fragen Sie wegen der Plakataktion ausgerechnet bei mir an? Was habe ich damit zu tun?«

»Nun ja, bei der STAREK verweigert man die Auskunft auf meine Frage«, sagte Sophie, »und Sie müssten meiner Ansicht nach etwas mit der Sache zu tun haben, weil diese Plakate einen öffentlichen Akt seelischer Grausamkeit gegen ungezählte Frauen darstellt.«

»Über diesen von Ihnen erhobenen Vorwurf ließe sich trefflich streiten«, meinte der Staatsanwalt und blieb dabei ernst, »aber ob er strafrechtlich irgendwie erfassbar wäre, würde ich gegenwärtig noch völlig offenlassen. Von der optischen Gestaltung wie auch dem textlichen Inhalt her ist an den Plakaten zunächst nichts auszusetzen. Deshalb haben wir auch nicht die geringsten Anstalten gemacht, hier irgendetwas zu unternehmen oder auch nur herauszufinden.«

»Vielen Dank, Herr Staatsanwalt!«

»Bitte schön! Auf Wiederhören.«

»Theresa!«, rief Sophie mit schriller Stimme über den Flur.

Aus ihrem eigenen Zimmer, dessen Tür nur angelehnt war, kam Theresas Stimme zurück: »Ja?«

Überlaut redend ging Sophie auf die Tür zu: »Du könntest mal beim Superintendenten deiner Kirche vorsprechen, ob der uns nicht mit seinen Möglichkeiten helfen will, die Plakate wieder aus der Stadt herauszubekommen!«

Als Sophie in der Tür stand, sah sie die Religionslehrerin auf der anderen Seite des Raumes mit dem Gesicht zum Fenster im Schneidersitz auf dem Fußboden hocken. Ihr Haar war aufgelöst. Neben ihr stand auf dem Teppich eine dickbauchige Rotweinflasche aus Sophies Schrank.

»Auch das noch!« Sophie wandte sich um und lief zum Treppenhaus zurück. »Ist denn hier überhaupt keiner mehr bei Sinnen«, sagte sie zu sich selbst.

Dann klopfte sie an die Tür von Lillian und Lena und ging hinein, ohne auf eine Antwort von innen zu warten.

Das Bild, das sich ihr bot, war für sie nicht ungewohnt – wohl aber für Lena, die schweigend auf ihrer Bettkante saß und von einer zur anderen schaute.

Am Fenster stand Lillian, nur mit der Unterwäsche bekleidet, bewegungslos auf dem Kopf und hatte die Beine wie ein großes V gespreizt. Lena stand leise auf, ging zu Sophie und mit ihr auf den Flur hinaus.

»Was macht die da drinnen? Spinnt die?«

»Hier spinnen im Augenblick fast alle«, sagte Sophie mit bitterem Ton. »Sag mal, Kleines, kannst du mir 'nen Gefallen tun und mir mal für eine Stunde dein Zweirad leihen? Ich müsste mal in einer wichtigen Sache in die Stadt! Mein Auto ist noch in der Werkstatt.«

Lena zögerte nicht und gab ihr den Schlüssel für die Absperrkette. »Danke«, sagte Sophie, zog sich eilig ihre Jacke an und lief die Treppe hinunter. Dann hörte Lena aus dem Hof den kleinen Motor ihres Mofas knattern.

Sie ging in ihr Zimmer zurück. Lillian war gerade dabei, sich wieder anzuziehen.

»Musste mich erst mal wieder ins innere Gleichgewicht bringen«, erklärte sie mit freundlichem Lächeln, »mit Yoga geht das prima!«

Lena fiel dazu nichts ein. Die Zimmergenossin fuhr, nachdem sie die Manschetten ihrer Seidenbluse zugeknöpft hatte, fort: »Hör mal, kleine Freundin, ich brauche etwas von dir, habe aber nicht vor, dich zu schädigen.«

Dabei entnahm Lillian ihrer Handtasche ein Portemonnaie und gab Lena daraus einen Hundert-Euro-Schein. Bevor das erstaunte Mädchen etwas sagen konnte, stolzierte Lillian hinaus.

*

Das Motorengeräusch des kleinen Zweirads ging Sophie zwar auf die Nerven. Aber sie biss die Zähne zusammen und setzte ihre Fahrt unbeirrt fort.

Endlich war die von mannshohen Ziersträuchern eingefasste Einfahrt zum anthroposophischen Altenheim erreicht. An der Pforte fragte sie nach Frau Kühn. Danach durfte sie in einem Ledersessel des Foyers einige Minuten warten, bis die Priesterin erschien und freundlich – wenn auch, wie immer, etwas zerfahren – die Besucherin begrüßte.

»Hallo, Sophie, womit kann ich dir dienen?«

Sophie schaute sich kurz um und stellte fest, dass sie beide allein waren. Dann sagte sie mit gedämpfter Stimme: »Isabelle! Ich habe ein großes Anliegen! Du verfügst meines Wissens über Kräfte und Möglichkeiten, Unauffindbares aufzufinden und Geheimnisse zu enträtseln …«

Isabelle trat abrupt einen Schritt von Sophie weg und schaute sie aus eisgrauen Augen an. »Was ist? Was willst du?«

Die Härte des Tons in Isabelles Worten überraschte die Sozialarbeiterin. Sie schluckte einmal, gewann ihren vorherigen Mut zurück und sagte flehend: »Isabelle! Es ist nicht herauszubekommen, wer der verfluchte Auftraggeber für die irrsinnigen Plakate in der Stadt ist. Bitte, setz dein Pendel in Bewegung oder tu sonst etwas! Aber finde mir heraus, wer das veranlasst hat und wo er steckt!«

Das Gesicht der Anthroposophin hatte plötzlich wieder einen weichen Zug. »Wie du weißt, hatte ich wegen dieser Plakate bereits gestern früh eine schwache Vision. Bring mir jetzt von draußen einen Fetzen, den du von der Ecke eines solchen Plakats abreißt.«

Sophie tat, wie ihr geheißen. Nach einer knappen viertel Stunde war sie wieder da und überreichte der Okkultistin ein undefinierbares Stückchen Papier.

»Wo hast du es abgerissen?«, wollte Isabelle wissen.

Sophie antwortete: »Weiter unten an der Hauptstraße.«

Isabelle befahl der Sozialarbeiterin, in einem der Sessel zu warten, bis sie wiederkomme. Sophie fragte: »Wie lange kann es dauern?«

Isabelle hob die Schultern: »Nicht leicht zu sagen. Aber wenn dir meine Antwort so wichtig ist, nimm dir Zeit und hab Geduld!« Damit verschwand sie die Treppen hinauf.

Sophie sagte zu der jungen Frau in der gläsernen Empfangskabine: »Ich gehe ein wenig in Ihrem Park draußen spazieren. Wenn Frau Kühn nach mir fragt, rufen Sie mich bitte.«

Die Zeit schien Sophie endlos zu sein. Doch als die Dame aus der Rezeption nach ihr rief, war erst eine halbe Stunde vergangen.

Im Laufschritt stürmte Sophie in das Foyer. In einem der Ledersessel war Isabelle zusammengesunken. Als sie sich ein wenig aufrichtete und ihre Besucherin anschaute, wirkte sie unbeschreiblich müde und erschöpft.

»Was ist denn mit dir los? Wovon bist du denn so geschafft?«, fragte Sophie erschrocken.

»Du weißt nicht, wie furchtbar das anstrengt«, hauchte die Anthroposophin mit leiser Stimme.

»Und wie ist das Ergebnis?«, hakte Sophie ungeduldig nach. »Was hast du herausgefunden?«

»Ich habe kein klares Ergebnis«, sagte Isabelle resigniert. »Mir wurde die Richtung nach Süden gewiesen. Das war alles. Darüber hinaus kam ich an nichts heran …«

Die Sozialarbeiterin merkte nicht, wie sie vor Aufregung feuchte Hände bekam. »Das verstehe ich nicht! Du hast nichts erreicht? Ich dachte, du …«

»Nein, ich bin nicht allwissend und nicht allmächtig«, sagte Isabelle mit einer abwehrenden Handbewegung. »Für diesen Fall habe ich nur eine Erklärung – du hast mich nach jemand suchen lassen, der von irgendeinem Schutz umgeben ist. Dieser Schutz ist mir zu stark, ich kann ihn nicht durchbrechen. Sowas kommt mir nicht alle Tage vor.«

Sophie wurde wieder ruhiger. »Was meinst du mit so einem Schutz? Kann man den erklären?«

»Deine Frage ist schwer zu beantworten«, stöhnte Isabelle auf. »Da gibt es nur eine Erfahrung. Meistens handelt es sich bei solchen Typen um jemand, der zu irgendeiner ganz frommen, oftmals superfrommen Sekte oder sowas gehört …«

*

Hinter der Kasse traf Luise im Supermarkt auf Jonas. Der Neunzehnjährige hatte gerade für seine Mutter einen größeren Einkauf gemacht und war dabei, die Waren in einen leeren Karton einzuräumen.

Jonas war der Sohn eines Richters am Landgericht und kam zusammen mit seiner Mutter regelmäßig jeden Freitagabend in die Blaukreuzstunde, in der auch Luise seit sieben Jahren anzutreffen war.

»Mensch, wenn du einkaufst, kann man wenigstens zugucken, ohne zu erröten«, lachte Luise den Jungen an. Der schüttelte ihr die Hand und fragte: »Wie meinen Sie das?«

Luises Gesicht wurde ernst. »Weißt du, hier in diesem Supermarkt treffe ich ziemlich jeden Vormittag meine speziellen Kunden. Du musst nur mal genau in die Einkaufswagen schauen, und du siehst sofort, wer von denen mit sich selbst oder zumindest in der Familie Alkoholprobleme hat!«

»Tatsächlich!«, sagte Jonas, der seine Augen bereits über die an den Kassen wartenden Käuferschlangen fliegen ließ. »Und was tun Sie dann mit Ihrem Spezialwissen?«

»Bei diesen und jenen suche und finde ich die Gelegenheit zu einem Gespräch«, antwortete Luise Hensel. »Einige davon habe ich in den letzten Jahren mit ins Blaue Kreuz gebracht … Mensch, da hinten treffe ich jemand, um die muss ich mich jetzt gleich, wenn sie durch die Kasse ist, einmal kümmern!«

»Hat aber nur eine Flasche Klaren im Korb«, stellte Jonas scharfsinnig fest.

»Und die eine Flasche ist schon entschieden zu viel«, sagte Luise. »Die Frau war mindestens ein halbes Jahr lang trocken, und jetzt scheint sie gerade einen schweren Rückfall zu bauen! Mal sehen, ob ich da was aufhalten kann. Tschüss, mein Junge, bis morgen Abend!«

Damit war Jonas verabschiedet. Er hob den Warenkarton hoch und schob sich hinaus zu seinem kleinen Studentenauto.

Im Ausgangsbereich des Supermarktes pirschte sich Luise an ihre nahezu gleichaltrige Nachbarin heran. Die bemerkte Luise erst, als sie unmittelbar neben ihr stand, und ließ auf ihrem tief zerfurchten Gesicht ein leichtes Erschrecken erkennen.

»Hallo, Brigitte«, sagte Luise freundlich, »hab dich ja schon ein paar Tage nicht gesehen. Wie war der 1. Mai?«

»Tagchen, Luise«, antwortete die Frau mit scheuem Blick. »Nun, wie soll's gestern schon gewesen sein?«

Luise Hensel griff nach dem Einkaufswagen, zog ihn sanft in eine Ecke und begann mit leiser Stimme: »Mensch, Brigitte! Wir kennen uns lange genug. Ich rede offen mit dir. Was hast du da gerade eingekauft?«

Brigittes Blick haftete an der Schnapsflasche. Sie sagte kein Wort. Luise sah ihr geradeaus in die Augen und fuhr fort: »Wenn du jetzt 'nen großen Rückfall baust, ist das für dich der Tod!«

»Auch das ist mir egal«, sagte die Nachbarin fast tonlos, »je eher, desto besser …«

»Sowas glaubst du dir ja selber nicht! Hör auf mit dem Unsinn! Ich weiß, warum du heute Morgen, nachdem es dir jetzt monatelang sehr gut gegangen ist, wieder umkippst …«

Brigittes Blick hob sich zum ersten Mal bei diesem Gespräch. Die Augen schienen gerötet, wie von vielem Weinen.

Luise sprach weiter: »Dich haben die Plakate da draußen aus dem Häuschen gebracht – genauso wie mich heute Morgen!«

»Wie denn«, fragte Brigitte leise, »dich auch?«

»Wenn irgendjemand in der Stadt weiß, was ich früher für ein Leben geführt habe, dann du! Mensch, du weißt doch zu genau, dass ich jeden Tag sternhagelvoll war und nicht nur meine Ehe, sondern die ganze Familie deshalb auseinanderbrach.«

Brigittes Miene hatte sich ein wenig aufgehellt, weil Luises Redeschwall sie ablenkte. »Was macht eigentlich zurzeit dein Geschiedener?«, wollte sie wissen. »Hast du noch mal was von ihm gehört?«

»Soweit ich weiß, hängt er immer noch jeden Tag mit der Flasche in der Manteltasche bei den bekannten Typen vorm Hauptbahnhof rum«, sagte Luise. »Wenn der sich nicht helfen lassen will, ist dem nicht zu helfen. – Aber wie sieht es mit dir aus? Hör mal, gib mir die Flasche, ich geh rüber, tausch sie dir gegen ein Pfund Kaffee um und bezahle den Rest drauf!«

Brigitte schüttelte den Kopf. Luise sagte: »Verstehst du denn nicht, dass ich hier nicht einfach zugucken kann, wie du jetzt von vorn anfangen willst, dich langsam umzubringen?«

»Ach, Luise, lass mich«, winkte Brigitte ab, »das nützt alles nichts. Mir hilft keiner mehr …«

Luise rückte ganz nah an sie heran. »Lass dir von mir sagen, dass ich statt der drei Kinder, die du kennst, eigentlich sieben haben müsste. Aber ich habe insgesamt vier Kinder abgetrieben! Und deswegen bekam auch ich heute früh, als ich die Plakate sah, erst einmal ganz weiche Knie!«

»Dann verstehe ich nicht«, sagte Brigitte, »wieso du hier jetzt so fröhlich herumstehst.«

»Ich bin zuerst nach Hause gerannt. Und als ich am Küchentisch saß, rief die Henriette, die Frau von unserem Blaukreuzvorsitzenden – du kennst sie ja – an und erinnerte mich, dass ich vor sieben Jahren mein Leben vor Gott in Ordnung bringen und durch seine Kraft vom Suff frei werden durfte. Und dann hat sie mir noch den Psalmvers durchgerufen: ›Preise den HERRN, meine Seele, … der da vergibt alle deine Ungerechtigkeit, der da heilt alle deine Krankheiten!‹ Und dann habe ich wieder mit Gott reden können und bin ganz froh und dankbar geworden …«

Die Nachbarin angelte plötzlich in der Manteltasche nach einem Taschentuch. Aus ihren Augen stürzten Tränen.

»Weißte was? Ich tausch dir den Klaren schnell in Kaffee um«, sagte Luise, »und dann kommst du mit zu mir, und ich mach uns beiden ein schönes Mittagessen!«

Brigitte widersprach nicht mehr. Sie wischte sich nur die Tränen aus dem Gesicht. Luise sauste los, drängte sich dann mit höflichen Bitten bei zwei Kundinnen an der Kasse vor, kam mit dem Kaffee zurück und nahm ihre Nachbarin, die zu ihrem eigenen Erstaunen tatsächlich gewartet hatte, ins Schlepptau.

*

»Wir haben heute drüben in der Neurologie den totalen Hochbetrieb«, sagte Lukas, als er beim Mittagessen in der Personalkantine mit seinem Teller an Laura und Andrea vorbeimarschierte, »schlimmer als im Winterschlussverkauf!«

Laura gab ihm ein Zeichen, er solle einen Augenblick stehen bleiben. »Sag bloß, das ist alles wegen der Plakate?«

»Was denn sonst«, posaunte der Krankenpflegeschüler quer durch den Raum, sodass sich etliche Blicke ihm zuwandten, »am laufenden Band neue Patienten, ausnahmslos Frauen, alle in völlig ausgeflipptem Zustand. Die Plakate müssen denen ans Gewissen gerührt haben …«

Plötzlich stand eine Krankenschwester vor Lukas und funkelte ihn aus jähzornigen Augen an. »Kollege! Wenn du nicht sofort die Klappe hältst …!«

Im nächsten Augenblick stand ein junger Assistenzarzt dazwischen und begann, die wütende Schwester zu ihrem Tisch zurück zu komplimentieren.

Lukas beeilte sich, in der hintersten Ecke einen Tischplatz zu finden, um dort seine Stärkung zu sich zu nehmen.

Die übrigen Stühle waren frei. Und so saßen wenige Minuten später Laura und Andrea bei ihm.

»Du warst zu laut«, sagte Andrea flüsternd.

Im gleichen Ton antwortete Lukas: »Das wäre beinahe schief gegangen. Der junge Doktor war wie ein Schutzengel …«

»Was sagt denn eigentlich dein Chefarzt dazu?«, fragte Laura. »Hat er irgendetwas Bestimmtes geäußert?«

»Ich hörte von der Seite, wie er sich mit der Ärztin und der Stationsschwester unterhielt«, antwortete Lukas nach wie vor flüsternd. »Er sagte, es seien überwiegend Frauen aus normalsten Familien, durchweg Mütter von einigen Kindern, die zwischendurch ihre Abtreibungen haben machen lassen.«

*

Lena ging zum Fenster, schaute in die Bäume und verstand nicht mehr, was vor sich ging. Dann schaute sie ungläubig auf den Park hinunter, durch den Lillian ging. Sie hielt Lenas Fünf-Liter-Benzinkanister in der Hand, den die Schülerin sich als Reserve in den Gartenschuppen gestellt hatte.

Wohin wollte Lillian nur mit dem Kanister und dem darin befindlichen Öl-Benzin-Gemisch? Sie hatte Lena dafür hundert Euro gegeben. So viel waren der Behälter und der Inhalt zusammen nicht wert.

Während sie Lillian nachschaute, fiel Lena plötzlich auf, dass der Gang ihrer Zimmergenossin ein wenig marionettenhaft wirkte. Jetzt verschwand sie durch das große eiserne Tor.

Kurz darauf stieg hinter dem Tor eine schwarze Rauchfahne auf. Die Luft roch nach brennendem Öl. Lena rannte die Treppen hinab zur Haustür hinaus, durch den Park zum Tor und sah dort auf der anderen Straßenseite die beiden nebeneinander im Freien stehenden Plakatwände in hellen Flammen stehen.

Lillian stand diesseits der Straße nahe beim Tor, hielt noch den entleerten Kanister in der Hand und hatte das gleiche fanatische Glitzern in den Augen wie zwei Tage zuvor die lange, blonde Lisa beim Beginn der Walpurgisnacht.

Dann hörten sie von Weitem mit großem Lärm die Feuerwehr heranjagen. Irgendjemand aus der näheren Umgebung musste sie alarmiert haben. Lillian ging zum Gartenschuppen und stellte den Kanister an seinen Platz zurück.

Lena lief wieder ins Haus und suchte sich eine Dachgaube, von wo aus sie über die Parkmauer und das Tor hinwegschauen und die Feuerwehrmänner bei ihren Löscharbeiten beobachten konnte.

Ihre Aufregung stieg noch, als sie Lillian so, als ob nichts gewesen wäre, zum Tor schreiten und der Feuerwehr zuschauen sah.

Nach und nach kamen auch andere junge Frauen aus dem Haus, die sich aber nur bis in den Tordurchgang wagten, um das Schauspiel zu verfolgen. Die Feuerwehr brauchte etwa zehn Minuten, um den Brand nicht nur unter Kontrolle, sondern im Wesentlichen niedergekämpft zu haben.

Bevor sie, ohne von den Frauen näher Notiz genommen zu haben, wieder abzogen, rollte ein Personenwagen heran, aus dem zwei sportliche Männer in Zivilkleidung stiegen. Sie wechselten mit den Feuerwehrmännern leise einige freundliche Worte, zogen dann einige unscheinbare Geräte aus der Tasche und fingen an, die noch rauchenden, schwarzen Holzstümpfe eingehend zu untersuchen.

Die Bewohnerinnen des Frauenhauses verschwanden wieder von der Bildfläche. Dann kam eine einzelne, sehr gut aussehende Frau auf einem Mofa angeknattert und bog in den Park ein.

Eine Sekunde später steckten die zwei Männer ihre Vergrößerungsgläser, Messer, Zangen und Plastikfolien ein und marschierten auf das Frauenhaus zu. Vor der Tür trafen sie mit der zusammen, die gerade das Mofa abgestellt hatte, und sprachen sie an.

»Kriminalpolizei, Möbus«, sagte der eine zu ihr und hielt ihr kurz einen für sie undefinierbaren grauen Ausweis entgegen.

»Kellner«, stellte sich der andere vor. Die Schöne schaute sie mit blassem Gesicht an. »Könnten wir die Leitung dieses Hauses einmal sprechen?«, fragte Möbus höflich.

»Hier gibt's keine Leitung«, erwiderte Sophie. »Wir sind alle mündig genug und brauchen keine Führung. Sie sind hier, falls Sie es noch nicht wissen, im Frauenhaus!«

Die beiden grinsten auf eine Weise, die Sophie ausgesprochen widerlich fand. »Doch, das wissen wir«, sagte der Kriminalbeamte Kellner. »Könnten wir denn die ganze Hausbelegschaft mal sprechen?«

»Kommt überhaupt nicht infrage«, sagte Sophie Schoppmann mit überbetontem Nachdruck. »Solange Sie keinen Hausdurchsuchungsbefehl haben, kommen Sie hier nicht rein!«

Die beiden Männer schauten sich an, um den nächsten Schritt zu überlegen. In dem Augenblick öffnete sich die Haustür, und Lillian erschien in rosa Hosenanzug mit blütenweißer Seidenbluse.

»Machen wir die Sache kurz«, schmetterte sie mit deutlichem Unterton von Pathos in der Stimme. »Lassen Sie unser Haus in Ruhe. Ich habe das Feuer da drüben angezündet!«

Die beiden Beamten nahmen eine gespannte Haltung ein. Möbus fragte: »Wie und womit haben Sie das gemacht?«

»Mit einem Kanister Benzin«, erklärte Lillian und zeigte mit der Hand zum Gartenschuppen hinüber, »den ich einer unserer Schwestern hier ohne deren Wissen weggenommen habe.«

»Wem gehört der Kanister?«, fragte Kellner energisch.

Lillian gab im gleichen Ton zurück: »Geht Sie einen Dreck an!«

Sie marschierte zum Schuppen. Möbus folgte ihr in einigen Metern Abstand. Dann kam sie und stellte den Kanister vor die beiden Beamten.

»Sie sind vorläufig festgenommen«, erklärte Kellner sehr förmlich und forderte sie auf: »Kommen Sie bitte mit!«

Lillian wandte sich an Sophie und bat: »Bist du so nett und holst mir schnell meine Schultertasche aus dem Zimmer, damit ich meine Papiere und persönlichen Sachen dabeihabe?«

Sophie ging los. Die beiden Beamten warteten geduldig. Dann kam die Sozialarbeiterin zurück. Während sie Lillian die Tasche in die Hand drückte, flüsterte sie: »Willst du allein mit diesen Schweinen auf die Wache fahren? Soll ich nicht lieber mitkommen?«

Lillian kicherte leise. »Ach was, diese harmlosen Pinsel! Du glaubst nicht, wie schnell ich heute Abend wieder hier bin. Ist doch nur Sachbeschädigung, was die mir vorzuwerfen haben …«

*

Brigitte saß an Luises Küchentisch und konnte das Weinen, das sie schüttelte, nicht mehr unterdrücken. Luise machte sich an der Kaffeemaschine zu schaffen und setzte sich anschließend zu ihr.

»Sind dir schon die vielen Martinshörner aufgefallen, die heute gar nicht mehr aufhören wollen?«, fragte Luise. »Das sind alles solche wie wir zwei, die das gemacht haben, was wir auch gemacht haben. Und jetzt ist bei denen allen in der Seele eine Wunde wieder aufgerissen, die sie für so schön fest verheilt hielten!«

»So kannst du das wohl nennen«, schluchzte Brigitte. »Die Plakate heute Morgen, da wirkte jedes wie 'n Messerstich, ganz tief da, wo man längst nicht mehr drüber nachdachte …«

»Siehste«, fuhr Luise fort, »und wenn du deine Schuld weiter so mit dir herumschleppst, wie alle die anderen da, dann wird es dir auch so ergehen wie denen. Dann bricht immer wieder irgendwann die alte Seelenwunde wieder auf. Dann schafft Brigitte es auch niemals, ganz ohne Rückfall in den Schnaps zu leben. Und was das bedeutet, brauche ich dir ja nicht zu sagen.«

Die Nachbarin hatte aufgehört zu weinen. Sie putzte sich geräuschvoll die Nase, starrte vor sich hin und sagte nichts.

»Nun bin ich in derselben Lage wie du«, sprach Luise weiter, »aber der Unterschied zwischen dir und mir ist der, dass ich über meine Vergangenheit Frieden gefunden habe, weil Gott mir alle meine Sünden vergeben hat!«

Brigitte schaute sie aus zerknittertem Gesicht an und fragte: »Woher willst du das denn so genau wissen?«

»Weißt du, Jesus hat ja sein Leben für dich und mich gegeben«, sagte Luise sachlich, »das hast du schon im ersten Schuljahr gelernt. Und dann kam der Tag, da habe ich mein Leben ihm gegeben. Seitdem weiß ich es. Das kommt dann von innen heraus, dass man das weiß. Er hat sich für meine Schmutzigkeiten und Sünden am Kreuz bestrafen lassen, sodass ich jetzt nicht mehr von Gott bestraft zu werden brauche. Auch nicht für meine Abtreibungen.«

Brigitte wurde erneut vom Schluchzen geschüttelt. »Wie du das so sagt, kommt mir das zu einfach, zu leicht vor. So schnell kriege ich doch das Umbringen der eigenen Kinder nicht aus der Welt …!«

»Nee, du nicht und ich auch nicht«, antwortete Luise. »Aber Jesus hat alle unsere Sünden aus der Welt geschafft. Wir brauchen sie nur bei ihm abzugeben und ihm als Herrn unser Herz zu öffnen. Dann kriegen wir Frieden ins Herz und neue Kraft. Kraft zum Durchhalten, zum Trockenbleiben!«

Wieder griff Brigitte nach dem Taschentuch und stellte das Weinen ein. Luise stellte Tassen mit Untertassen auf den Tisch und goss den frischen Kaffee ein.

»Und du meinst, den Frieden und die Kraft kann ich auch kriegen?«, begann Brigitte.

*

Lokalredakteur Gruber fand, als er an seinen Schreibtisch zurückkehrte, einen Zettel vor dem Telefon: »Bitte Verleger anrufen!«

Er stellte die Fototasche hin, hängte seine Jacke auf und setzte sich. Dann rief er an.

Der Verleger meldete sich: »Kommen Sie zu uns herauf. Wir wollen die aktuelle Lage besprechen.«

Oben in der Chefetage hockten beim Verleger auch der Chefredakteur und der Chef vom Dienst in den tiefen Sesseln. Gruber bekam den letzten freien Sessel angeboten und hatte sogleich zu berichten.

»Bei der Pressekonferenz, von der ich soeben komme«, begann er, »waren der Landrat, der für Kapitalsachen zuständige Staatsanwalt Brend, Kriminaldirektor Hinz und Stadtbrandmeister Weinert anwesend. Kurz das Ergebnis: Bis zum Beginn des Gesprächs, also um neunzehn Uhr, hat es in unserer Stadt achtzehn vollendete Selbstmorde gegeben. Ohne Ausnahme Frauen. Fünf davon schafften es, bereits am frühen Vormittag von der Autobahnbrücke zu springen, bevor der Landrat die Zugänge des Bauwerks durch Beamte überwachen ließ. Zwei legten sich vor den Eisenbahnzug. Die anderen nahmen Tabletten oder taten sich sonst etwas an. Die Zahl der mit Notarztwagen in die Krankenhäuser geschafften Selbstmordversuche war noch nicht genau festzustellen. Sie liegt nach Angaben des Stadtbrandmeisters zwischen zweihundertachtzig und dreihundert. Es besteht kein Zweifel, dass der Auslöser dieser Selbstmordwelle die heute in der Frühe angeklebten Plakate sind. Ich selbst habe bei der STAREK wegen des Auftraggebers nachgefragt. Aber die halten absolut dicht.«

Der Chefredakteur schaute versonnen vor sich hin und sagte: »Diese Plakate sind – da können wir sagen, was wir wollen – verdammt gut gemacht. Textlich wie grafisch. Hervorragend!«

Der Verleger wie auch der Chef vom Dienst nickten zustimmend.

»Aber die Folgen scheinen verheerend«, fügte der Lokalchef hinzu.

»Übrigens hat es im Zusammenhang damit noch einen Feuerwehreinsatz gegeben«, sprach Gruber weiter. »Eine der Bewohnerinnen des Frauenhauses hatte auf der gegenüberliegenden Straßenseite zwei zum Glück frei stehende Plakatwände mit Benzin übergossen und angezündet. Sie stellte sich der Kripo freiwillig. Hielt sich, wie's auf der Pressekonferenz hieß, offenbar für eine Heldin.«

»Die Frage ist jetzt, meine Herren, zwei Stunden vor Redaktionsschluss«, sagte der Verleger, »wie wir als Zeitung reagieren sollen. Wir müssten, wenn wir berichten, zwei alte Pressetabus brechen, die Themen Selbstmord und Abtreibung.«

»Wir kommen ums Berichten gar nicht herum«, erklärte der Chef vom Dienst. Und der Chefredakteur begründete: »Der Rundfunk hat in der Regionalsendung ›Heute Abend‹ bereits erste Einzelheiten gebracht. Und die Konkurrenz wird sich morgen früh damit beschäftigen. Da können wir nicht so tun, als ob nichts passiert wäre.«

»Dann habe ich nur die eine Bitte an Herrn Gruber«, sagte der Verleger und wandte sich an den Lokalchef: »Machen Sie's mit großem Fingerspitzengefühl!«

*

Am Abend trafen sich Annelie und Nils im Wintergarten des Berghotels Jakobshöhe. Es herrschte kaum Betrieb. Sie fanden einen Platz, von dem aus sie durch die vor der Glaswand sprießenden Pflanzen einen herrlichen Blick auf die in der Dämmerung versinkende Innenstadt und das Meer der aufflammenden Lichter hatten.

Anstatt einer Serviererin erschien die Chefin des Hauses persönlich, um ihre beiden Gäste freundlich zu begrüßen und ihre Wünsche entgegenzunehmen. »Heute Abend möchte ich nichts essen«, sagte Annelie, »mir genügt ein Orangensaft.« Nils schloss sich an.

Als die beiden wieder allein waren, schaute Annelie den Staatsanwalt nachdenklich an. Er sagte: »Du hast etwas auf dem Herzen?«

»Unter dem Herzen«, sagte sie lächelnd, »aber auch auf dem Herzen. Darüber aber später. Sag mal, wie ist das Urteil im Fall Brollikowski ausgefallen?«

»Die Verteidigung schien beim Plädoyer über sich selbst hinauszuwachsen«, antwortete Nils. »Die Schwurgerichtskammer hat nahezu sämtliche nur denkbaren Milderungsgründe akzeptiert und der Frau viereinhalb Jahre gegeben.«

»Mir steht es nicht an, zu beurteilen, ob deine Strafforderung zu hoch war oder die Strafzumessung des Gerichts zu niedrig«, sagte Annelie. »Für mich bleibt nur die eine Frage im Raum: Wie will diese Frau im Leben mit ihrem Schuldproblem fertigwerden?«

»Nicht alle Menschen sind so sensibel wie du, mein Liebes«, meinte Nils. »Wie ich diese Angeklagte einschätze, spürt sie bei ihrem dicken Fell diese Laus im Pelz gar nicht mehr.«

»Um den Vergleich mit dem Pelz ins Psychische zu übertragen«, gab Annelie zurück, »solche Läuse fressen sich ins Fell hinein und mit der Zeit auch durch das dickste Fell hindurch. Irgendwann entzündet sich die Stelle. Und dann …«

»Deine Gedankenäußerungen nehmen zuweilen philosophische, wenn nicht sogar religiöse Züge an«, sagte Nils Brend. »Dann sag mir mal, was du auf dem Herzen hast.«

Annelie zögerte ein wenig. Dann rang sie sich durch: »Wie ich die Sache sehe, werden sich unsere Wege trennen. Heute Abend und an dieser Stelle.«

Nils verzog keine Miene und wartete, bis sie weiterreden würde.

»Da ist nämlich etwas, das ich dir noch nicht erzählt habe«, fuhr sie fort.

»Seit wann obläge uns auch die Pflicht, einander alles erzählen zu müssen?«, hielt er entgegen.

»Eben, das ist es ja«, sagte Annelie und wurde dabei heftig, »wir gehen zusammen ins Bett, aber gehen keinerlei ernsthafte Verpflichtungen miteinander und füreinander ein! Wir setzen ein neues Leben in die Welt, aber tun, als ob nichts geschehen wäre, und leben jeder sein eigenes Leben ganz für sich weiter!«

»Ich steige noch nicht durch«, sagte Nils, »auf was willst du hinaus?«

»Mir ist klar geworden, dass grundsätzlich vor allem sexuellen Vergnügen die Verantwortung steht. Wir zwei haben alles, schlichtweg alles falsch gemacht …«

Nils lehnte sich auf seinem Stuhl zurück. »Jetzt verstehe ich gar nichts mehr«, sagte er und schaute sie aus zusammengekniffenen Augen an. »Seit wann leidest du unter diesem moralisch-nostalgischen Rückfall in Ansichten aus Großmutters Zeiten?«

»Seit Samstag«, antwortete sie.

»Wieso seit Samstag? Was ist denn am Samstag passiert?«

Wieder war auf ihrem Gesicht ein innerer Kampf abzulesen. »Da hab ich in der Innenstadt in der Fußgängerzone eine Weile einem Offizier der Heilsarmee zugehört, wie er gepredigt hat. Und …«

»Jetzt sag nur noch …«, unterbrach Nils ihre Worte.

»… ja, genau das, was du wohl nicht gern hörst«, machte Annelie unbeirrt weiter. »Am Sonntagabend bin ich in die Friedrich-Ebert-Straße zur Heilsarmee gegangen und habe mich in den Gottesdienst unter die Kanzel gesetzt. Es waren höchstens dreißig Leute da, ungefähr die Hälfte davon in Uniform. Derselbe Offizier hat wieder gesprochen. Und …«

Abermals wartete Nils schweigend, bis sie fortfahren würde.

»… und am Ende der Stunde«, sagte Annelie, wobei sie tief Luft holte, »am Ende der Stunde habe ich in meinem Leben eine Wende vollzogen. Ich habe mich für den Glauben an Jesus Christus entschieden. Hier, dieses kleine Neue Testament habe ich noch am selben Abend vom Büchertisch im Saal der Heilsarmee gekauft. Seit ich angefangen habe, darin zu lesen, ist mir so vieles plötzlich klar geworden. Ich kann mein Leben nicht so weiterleben wie bisher.«

Nach einer Weile des Schweigens nahm Nils das Gespräch wieder auf. »Wenn ich ehrlich sein soll, dann muss ich zugeben, dass du mir mit dem, was du jetzt gesagt hast, ein wenig entgegenkommst.«

»Wie meinst du das?«

»Nun, wie du mich kennst, bin ich nicht der Mann, der an der Seite einer einzelnen Frau alt und grau werden könnte«, sagte er, »und nach dem, was du mir da soeben erklärt hast, sehe auch ich den Zeitpunkt gekommen, an dem sich unsere Wege trennen. Eins ist dabei klar: Wenn du das Kind bekommen solltest, würden wir die Frage des Unterhalts selbstverständlich dem Gesetz entsprechend regeln.«

»Danke, Herr Staatsanwalt«, sagte sie und quälte sich dabei ein Lächeln ab.

*

Fünf Köpfe zählte die Runde am frühen Abend in der Küche des Frauenhauses. Sie hatten sich einen Kaffee gebraut. Sophie sog nervös an einer halben Zigarette und sagte: »Immer wenn Lillian Yoga trainiert hat, ist sie zwar äußerlich ganz ruhig und gelassen, aber sie hat dann nie alle Sinne recht beisammen …«

»Na ja, aber das Feuerchen«, sagte die Küchenfee, »hat sie aber doch an der richtigen Stelle gelegt. Oder?«

»Eben nicht!«, fauchte Sophie. »Jetzt sind die Bullen allesamt gewarnt, und wir können nichts mehr machen. Ich hätte sonst diese Nacht eine Menge Plakatwände und Litfaßsäulen und obendrein die ganze STAREK in Flammen aufgehen lassen. Aber diese blöde Gans hat uns das alles vermasselt!«

Plötzlich horchten sie alle auf. Aus dem ersten Stock wurde eine Stimme laut. »Scheint Theresa zu sein«, sagte eine der jungen Frauen.

»Steckt seit heute früh in 'ner großen Krise und hat sich volllaufen lassen«, bestätigte Sophie mit angewidertem Ausdruck im Gesicht und fügte hinzu: »… mit meinem Rotwein!«

Die Tür zu dem Zimmer, in dem Lena am Tisch saß und Hausaufgaben für die Schule machte, öffnete sich, und Theresa stand schwankend im Raum, nach wie vor die Rotweinflasche in der Hand. Kurz darauf stürmte Lena hinaus, schwang sich auf ihr Mofa und knatterte davon.

*

Herta Angersbach war müde und abgespannt. Trotzdem strahlte sie Ruhe und Zufriedenheit aus. Ihr Arbeitstag hatte es heute in sich gehabt.

Morgens hatte es bei der Familie Stahlert begonnen. Sie hatte der jungen Mutter mit ihren drei kleinen Kindern geholfen, die Wohnung zu putzen und die Einkäufe zu erledigen.

Ihren Mann hatte die Frau wieder bereits fünf Tage nicht gesehen. Er trieb sich zumeist bei den Pennern im Schlosspark herum und vertrank jeden Cent, dessen er habhaft werden konnte.

Das Geld vom Sozialamt reichte vorn und hinten nicht, sodass Herta beim Einkaufen meistens noch ein paar Euro von ihrer Rente drauflegte.

Am späten Vormittag war sie bei der alten, kranken Frau Ginsberg gewesen, um Staub zu wischen, Geschirr abzuwaschen und einzukaufen. Die Gemeindeschwester hatte ihren Krankenpflegedienst vorher bereits abgeschlossen und war ihr in der Haustür begegnet.

Mittags, auf dem Weg von Frau Ginsberg zu den Ausländern im Asylantenheim hinter dem Busbahnhof, leistete sie sich als Mittagsmahl auf dem Markt ein Fischbrötchen und anschließend im nahe gelegenen Kaffeeshop eine Tasse Kaffee.

Den Asylanten aus Afghanistan, Pakistan, Sri Lanka und Äthiopien brachte sie Traktate und Neue Testamente in ihren Heimatsprachen – die Schriften ließ sie per Post vom Evangelischen Ausländerdienst kommen –, und für die kleinen dunkelbraunen und schwarzen Jungen und Mädchen, die bei »Tante Hertas« Erscheinen losjubelten und sich sofort an ihren Mantel hängten, fischte sie vom Boden ihrer Tragetasche einige Süßigkeiten.

Nachmittags um halb vier hatte Herta im Gemeindesaal der Heilsarmee eine Frauenstunde zu leiten. Sechs Frauen im Alter zwischen 34 und 71 Jahren fanden sich ein.

Herta sprach mit ihnen über die beiden Schwestern Martha und Maria und das Wort Jesu Christi: »Martha, Martha, du bist besorgt und beunruhigt um viele Dinge; eins aber ist nötig. Denn Maria hat das gute Teil erwählt, das nicht von ihr genommen werden wird.«

Unter anderem hatte Herta dazu gesagt: »Vor diesem Wort, liebe Schwestern, bin ich ganz klein und hässlich geworden. Ich habe selber zu oft die Neigung, zu viel Hin und Her und Wirbel zu machen und eine Martha zu sein. Wie viel wichtiger ist es doch, vor alle Arbeit und Geschäftigkeit das stille Hören auf das Wort unseres Herrn Jesus Christus zu stellen!«

Im Anschluss an die Frauenstunde hatte sich Herta mit einer jüngeren Heilsarmeesoldatin getroffen, um gemeinsam mit ihr erst im Stadtpark, dann in der Fußgängerzone der Innenstadt evangelistische Schriften zu verteilen und mit Menschen persönliche Gespräche über den Glauben zu führen.

Als sie sich gegen Abend auf den Heimweg machen wollte, war Herta das Obdachlosenasyl eingefallen. So hatte sie ihre Schritte noch zu dem schmuddeligen Haus am Rande des Gewerbegebiets Hüttenwiese gelenkt.

Dort traf sie zunächst nur zwei junge Männer mit schulterlangen Haaren, unrasierten Gesichtern und ziemlich abgerissener Kleidung an.

Als die beiden die Uniform der Heilsarmee sahen, ließen sie die Besucherin erst nicht zu Wort kommen. »Hau bloß ab, Omi«, sagte der eine, »wir brauchen keinen Gott und keine Heilsarmee!«

»Die Saison scheint für uns mal wieder gelaufen zu sein«, sagte der Heimleiter im Treppenhaus zu Herta. »Jetzt wird's draußen sonnig und warm. Prompt leert sich unser Haus. Dafür haben die Parks, die Brücken und die Baustellen wieder Hochkonjunktur.«

Erst zweihundert Meter von der Herberge entfernt traf sie einen in Richtung Asyl wandernden Obdachlosen, den sie etwa anderthalb Jahre zuvor einmal im Stadtpark getroffen und mit dem sie ein ausführliches Gespräch gehabt hatte. Ihn nahm sie mit zur nächsten Imbissstube, wo sie ihm eine große Portion Fritten mit Mayonnaise spendierte und ein paar Schriften mitgab.

Herbert erzählte ihr, in welchen Teilen Süddeutschlands er sich inzwischen herumgetrieben hatte. Den Winter über hatte er in einem warmen Knast in einer Stadt an der Donau verbracht. Jetzt steuerte er ein Nachtquartier im Obdachlosenheim an.

Auf Hertas Frage, wann er denn endlich sesshaft werden und mit der Sauferei aufhören wolle, antwortete der noch nicht fünfzigjährige Mann in seiner typischen Berliner Mundart: »Nee, Müttachen, mir hältste nirjendwo lange fest. Ick bin nu mal so. Ick kann nich anders …«

Auf dem Heimweg traf sie in der Stadt noch etliche Bekannte, bei denen sie kurz stehen blieb. Von einem befreundeten Polizisten, der sich öfter mal sonntagabends in der Versammlung der Heilsarmee blicken ließ, erfuhr sie, dass das außergewöhnlich viele Heulen der Martinshörner an diesem Tag offenbar etwas mit den neuen Plakaten zu tun hatte, auf denen die Babygesichter und die angriffigen Worte zu sehen waren. Es seien nur Frauen, die seelisch und nervlich ausflippten, sagte ihr der freundliche Beamte. Daher die vielen Notarzteinsätze mit Blaulicht und großem Lärm.

*

»Deine Plakataktion scheint heftig eingeschlagen zu haben«, sagte die Telefonstimme. »Du wohnst da draußen im Grünen und hast wahrscheinlich von dem Rabatz hier in der Stadt nichts mitbekommen.«

»Ein wenig schon. In der Firma fielen plötzlich ein paar Mitarbeiterinnen aus. Liefen einfach davon. Aber weißt du mehr? Hast du irgendwelche Daten?«

Der Anrufer räusperte sich leise und sagte dann: »Wie wär's, wenn wir uns in einer halben Stunde, so gegen zehn, vor dem Hauptbahnhof treffen würden?«

»Warum das? Und warum ausgerechnet vor dem Hauptbahnhof?«

»Weil da die größte Anhäufung von Plakatwänden mit deinen Produkten zu finden ist«, antwortete die Stimme aus dem Telefon mit einem Anflug von Erregung, »und weil wir da am besten über das alles nachdenken können!«

»Gut – meine Frau und ich kommen.«

Die große Limousine rollte leise an und blieb in einem Parkstreifen stehen. Das Licht wurde abgeschaltet. Die Türen öffneten sich. Ein elegant gekleidetes Paar mittleren Alters stieg aus und schaute sich unauffällig um.

Im Bahnhofseingang herrschte noch schwacher Betrieb. In der hell erleuchteten Halle palaverte Zigaretten rauchend eine Gruppe uniformierter junger Soldaten. Ein paar einsame Typen lungerten herum. Draußen stand in einer Nische, wo zwei Gebäude aneinanderstießen, wartend eine grell geschminkte Dame mit einem Handtäschchen unter dem Arm.

Der Mann und die Frau ließen ihre Blicke über den gesamten Platz schweifen und erkannten in der nächtlichen Beleuchtung die von den Plakatwänden herüberschauenden Babygesichter.

Um eine Straßenecke bog ein Sportmodell, kam auf sie zu und hielt unmittelbar hinter der Limousine. Heraus sprang eine Athletengestalt mit Bürstenhaarschnitt, lederner Windjacke und gebügelten Hosenfalten.

Er ging auf die beiden zu und gab ihnen die Hand. »Deine Einstellung zum Wort Gottes und damit zum Leben kenne ich ja«, wandte er sich an den Mann. »Aber ich hätte doch gern gewusst, was du dir im Einzelnen bei der ganzen Sache gedacht hast.«

Der Angeredete antwortete sofort, wobei seine Frau ihn gespannt anschaute. »Ich wollte dieser aus Mördern und Mörderinnen zusammengesetzten Gesellschaft, in der wir zu leben haben, eine Gerichtspredigt halten!«

»Meinst du, dies wäre der richtige Weg gewesen?«

»Die Fachvorträge und Moralbotschaften des Weißen Kreuzes und der anderen Verbände sind gut und in Ordnung, aber es hört keiner darauf! Ich wollte es den Leuten so sagen, dass es sie wie ein Donnerschlag trifft – es geht um nicht mehr und nicht weniger als das Leben!«

»Der Donnerschlag hat ganz fürchterlich gekracht – mehr, als dir lieb sein wird …!«

»Wieso?« Die Frau klammerte sich erschrocken an den Arm ihres Mannes.

»Was denkt ihr wohl, was heute bei uns in der Kripo, zwei Etagen tiefer bei der Schutzpolizei und vor allem beim städtischen Krankentransport los war?«

»Was war denn los?«, fragte der Mann ungeduldig. »Erzähl weiter!«

»Es hat in unserer Stadt achtzehn vollendete und an die dreihundert versuchte Selbstmorde gegeben. Alles weibliche Personen!«

Die Frau stieß einen erstickten Schrei aus und drückte ihr Gesicht an die Schulter ihres Mannes, dessen Lippen plötzlich zitterten und der kein Wort mehr herausbekam. Der Kriminalbeamte fragte sich innerlich, ob die kalkweiße Gesichtsfarbe seines Gesprächspartners wirklich oder nur auf die fahle Straßenbeleuchtung zurückzuführen war.

»Damit hast du nicht gerechnet, und das hast du auch nicht gewollt«, fuhr er fort und hielt dann inne.

Der Mann wandte sich seiner Frau zu, umarmte sie. Und dann weinten sie beide hemmungslos wie kleine Kinder.

Der Mann in der Lederjacke schob die Hände in die Hosentaschen und schaute eine Weile zu den verschiedenen Plakatwänden hin.

Dann drehte er sich wieder zu den beiden weinenden Menschen um, die gegen ihren Tränenfluss zu kämpfen begonnen hatten.

Als sie sich langsam ihrem Auto zuwandten, um nach Hause zu fahren, sagte der andere: »Sollten wir nicht jetzt mit den Brüdern in der Gemeinde wenigstens eine öffentliche Aktion planen? Ich denke da an eine ebenso aufklärende wie auch evangelistische Vortragsreihe, vielleicht in der Stadthalle oder im Konzerthaus. Ohne dass jemand etwas über dich und die Plakate herausbekommt, müssten wir Christen der Stadt jetzt möglichst bald unsere Stimme dazu erheben. Was meinst du?«

Die beiden Eheleute nickten schweigend. Der Mann sagte mit tonloser Stimme: »Gute Nacht.«

*

Als sie die letzten dreihundert Meter von der Bushaltestelle zu ihrer Haustür zurücklegte und immer noch in der Ferne die Martinshörner hörte, dachte Herta Angersbach: »Herr im Himmel! Bewahre vor so etwas meine liebe Lena!«

Am Tag zuvor, dem 1. Mai, war ihr Schwiegersohn bei ihr gewesen und hatte ihr berichtet, dass ihre Enkelin bereits am letzten Samstag von daheim ausgerissen, auf dem Umweg über eine Hausbesetzer-Wohngemeinschaft ins Frauenhaus – ausgerechnet ins Frauenhaus! – gezogen und infolge eines Verhältnisses mit einem jungen Burschen nun schwanger sei.

»Junge«, hatte sie zu Lenas Vater gesagt, »macht euch jetzt nicht zu viel aus dem, was die Leute in der Nachbarschaft und in der Gemeinde sagen. Sowas kam schon immer in den besten Familien vor. Aber jetzt müssen wir ganz besonders viel für das Kind beten!«

Bevor sie die Haustür öffnete, schloss Herta den außen anmontierten Briefkasten auf und holte einige Couverts und Lebensmittel-Reklameblätter heraus.

Nachdem sie Mantel und Uniformhut abgelegt und sich mit einem tiefen Seufzer auf einen Küchenstuhl niedergelassen hatte, schaute sie die Post durch und legte einen Brief, auf dem als Absender »Clemens Schwenninger« stand, zur Seite. Diesen öffnete sie sofort.

»Sehr geehrte, liebe Frau Angersbach! Sie haben mich und meine Partei ganz schön fertiggemacht, und das zu einem Zeitpunkt und in einer Situation, da es mir ganz und gar nicht passte. Aber nach gründlichem Nachdenken über Ihre Worte muss ich Ihnen gestehen: Sie haben recht. Deshalb möchte ich mich bei Ihnen von Herzen für Ihre aufrichtige Stellungnahme bedanken! Möchte es noch mehr Bürger in unserem Lande geben, die anderen ihren Glauben so überzeugend vorleben und auch den Politikern so kraftvoll die Wahrheit sagen wie Sie!

Die heute gängige Abtreibungspraxis wird nicht mehr zu ändern sein. Der Zug ist auch für uns Politiker abgefahren. Den Paragrafen 218 des Strafgesetzbuchs wieder mit der Macht des Staates durchzusetzen, würde nur bedeuten, eine Uhr zurückstellen zu wollen, während die Zeit weitergeht. Den Abtreibungen entgegenwirken lässt sich nur noch durch Überzeugungsarbeit. Dazu möchte ich Sie ermutigen. Arbeiten Sie weiter gegen das an, was in vorderster Front die Politik verdorben hat! In größter Hochachtung und alter Verbundenheit, Ihr Clemens Schwenninger.«

Nach dem Abendessen schaute Herta auf ihre Küchenuhr. Es war gerade halb zehn. So schaltete sie das Radio ein und suchte nach dem Mittelwellenprogramm des Evangeliums-Rundfunks. Doch da ging die Haustürklingel.

Mit einem Griff war das Radio wieder aus. Herta ging zur Tür und öffnete.

Im Halbdunkel stand Lena. Ihr Mofa hatte sie an die Hauswand gelehnt und die Sperrkette am Hinterrad bereits abgeschlossen. »Darf ich reinkommen, Oma?«

Ohne Widerstand ließ sie es sich gefallen, dass die alte Frau auf sie zustürzte und sie an sich drückte. In der Küche sagte Herta: »Kind, wie siehst du denn aus? Hast du geweint?«

»Während der ganzen Fahrt bis hierher«, gab Lena zerknirscht zu.

»Kommst du jetzt gerade aus diesem Frauenhaus?«

»Ja.«

»Was ist denn gewesen? Hat man dir persönlich was Böses getan?«, wollte die Großmutter wissen.

Lena saß auf ihrem Stuhl, starrte vor sich hin und schüttelte den Kopf. »Gestern noch erzählte sie mir, dass sie selber zweimal in ihrem Leben abgetrieben hat.«

»Von wem sprichst du, Kind?«

»Von Frau Amberger, meiner Religionslehrerin«, sagte Lena, und die alte Frau sah, wie das Mädchen in Aufregung geriet. »Sie hat zwar eine eigene Wohnung in der Stadt, lebt aber auch bei uns im Frauenhaus. Heute Morgen hat es sie wegen der Plakate erwischt, wie die meisten anderen bei uns auch. Aber nur sie benahm sich den ganzen Tag daneben.«

»Wieso benahm sie sich daneben?«, wollte Herta wissen. »Was hat sie denn gemacht?«

»Sie klaute sich bei Sophie, der Sozialarbeiterin, 'ne große Flasche Rotwein und rannte nur noch sternhagelvoll durchs Haus«, berichtete Lena weiter. »Und vorhin, als ich in meinem Zimmer saß, da kam sie hereingewankt und ...«

»Was denn, ›und‹?«, hakte Herta nach.

Lenas ganzer Oberkörper wand sich hin und her, als sie den Kopf schüttelte. Sie suchte nach den richtigen Worten. »Ach, weißt du, Oma ... Sie ... sie war so furchtbar betrunken ... und sie lallte so schreckliche Worte daher ...«

»Was für Worte, Kind?«

»Sowas ... sowas kann man nicht wiederholen!«

»Du musst das aber loswerden, Mädchen! Ich will das nicht aus Neugier wissen. Mein Herz ist jetzt ganz beim Herrn Jesus. Und wenn du das, was dich so bedrückt, bei mir abgibst, dann gibst du es gleichzeitig beim Herrn Jesus ab!«

In Lenas Augen stiegen wieder die Tränen hoch, während sie erneut den Kopf schüttelte. »Nein! Da gehe ich nicht wieder hin! Nie wieder! Sag mal, Oma, kann ich ein paar Tage bei dir bleiben? Ich will ja auch wieder nach Hause – aber nicht sofort … Lass mir ein wenig Zeit, bitte!«

»Selbstverständlich, mein Kind«, sagte Herta Angersbach. »Wir rufen deine Eltern nachher an, und dann bleibst du erst mal hier. – Aber nun komm zur Sache zurück. Willst du nicht sagen, was die Lehrerin von sich gegeben hat?«

Nach kurzem Zögern begann Lena: »Sie kam schwankend herein, hatte noch die Weinflasche in der Hand und schrie mich an, wobei sie ganz undeutlich sprach. ›Bist du schon wieder an deiner Bibel?‹ Sie hatte mich am Sonntagmorgen beim Bibellesen draußen auf der Bank gesehen. ›Wenn diese Maria nicht …‹« Lena stockte.

»Sprich weiter, Kind«, sagte Herta leise.

Das Mädchen atmete tief durch, um sich zu überwinden. »Sie sagte dann etwas von Abtreibung …«

Herta schloss für einen Moment die Augen und sagte: »Vater im Himmel! Vergib dieser Frau, denn sie wusste nicht, was sie tat!«

Dann sagte sie zu Lena: »Und deswegen bist du aus dem Frauenhaus weggelaufen und hierhergekommen?«

»Ja«, sagte Lena, »und ich gehe da auch nicht wieder hin. Ich kann nicht!«

»Das ist in Ordnung«, sagte die Großmutter. »Und jetzt lass uns zuerst den Herrn um Vergebung und innere Reinigung bitten für das, was wir gerade vorher besprochen haben.«

Nach dem Gebet fragte Herta: »Wie werden wir denn nun deine Sachen aus dem Frauenhaus herausbekommen? Du brauchst doch deine Schultasche für morgen früh.«

»Was meinst du, könnten wir Papa nicht um den Gefallen bitten, dass er ins Frauenhaus geht und mir die Sachen holt?«

Herta ging ans Telefon und rief an. Sie bekam ihre Tochter an den Apparat und teilte mit, dass Lena heimkehren, aber erst noch ein paar Tage bei ihr bleiben wolle.

Lenas Mutter war froh und einverstanden. »Und nun sei so lieb und gib mir mal deinen Mann an die Strippe«, bat Herta.

»Hör mal, Thomas. Lass dich von deiner Schwiegermutter heute Abend um eine große Gefälligkeit bitten«, sagte sie, »und mach dich auf den Weg zum Frauenhaus. Dort forderst du die Sachen von Lena heraus und bringst sie hierher zu mir. Würdest du so nett sein und das tun?«

Von der Seite her sagte Lena: »Gib mir bitte mal den Hörer.«

»Hallo, Papa! Ich kann nicht mehr in dieses Frauenhaus gehen. Wenn du mir den Gefallen tun willst, dann komm erst hierher, damit ich dir meinen Personalausweis mitgeben kann. Andernfalls werfen die dich raus und du machst den Weg umsonst.«

Zehn Minuten später fuhr der Vater mit dem Auto vor. Er drückte Lena kurz die Hand und sagte: »Hätten wir beide nicht gedacht, dass wir uns so schnell wiedersehen würden!«

Lena erklärte ihm: »Am besten fragst du nach einer Frau Schoppmann. Die hat im Haus so ein wenig das Sagen.« Dann rollte der Vater mit dem Wagen davon.

»Jetzt ändert sich in deinem Leben ganz viel«, sagte die Großmutter, als sie sich wieder zu Lena an den Tisch setzte. »Du wirst Mutter und bekommst damit eine neue Lebensverantwortung.«

»Weißt du, Oma, ich habe schon in einem stillen Augenblick zu Gott gebetet und ihn im Namen Jesu um Vergebung gebeten für alles, was ich angestellt habe, das mit Tim und so«, sagte Lena. »Aber ich bin noch nicht darüber hinweg, dass ich jetzt ein Kind bekommen soll. Warum hat Gott das zugelassen?«

»Grundsätzlich hält Gott sich an sein Wort und vergibt uns unsere Sünden, wenn wir sie bekennen«, antwortete Herta. »Aber in vielen Fällen hat unsere Sünde unwiderrufliche Folgen, mit denen Gott uns dann weiterleben lässt.«

»Ich will aber nicht damit weiterleben! Die Frau Amberger hat gesagt, wenn ich die Schwangerschaft beseitige, kann ich als ganz normales junges Mädchen unter meinen Freundinnen weiterleben!«

»Nun, wie viel die Ansichten von Frau Amberger wert sind«, konterte die Großmutter, »müsste dir inzwischen klar geworden sein.«

»Aber in dem Punkt«, meinte Lena mit Heftigkeit, »hat sie doch irgendwie recht!«

»Wer abtreibt – wer damit ein Leben umbringt –«, hielt Herta entgegen, »der hat nie recht, niemals! Er wird sich dafür vor Gott zu verantworten haben.«

»Aber, Oma«, entrüstete sich Lena, »woher nimmst du die Behauptung, dass das bisschen schleimige Masse, welches sich in mir täglich ein wenig ausdehnt, jetzt schon ›ein Leben‹ genannt werden kann?«

»Wer ein Leben nicht von Anfang an als ein Leben anerkennt«, sagte Herta, »der erkennt es auch nicht zum Ende hin an und bringt ohne Hemmungen alte Menschen, wenn sie schwach geworden sind, als ›wertlos‹ um. Ein Leben gilt als Leben von dem Augenblick an, da es lebt, und bis zu dem Augenblick, da es aufhört zu leben. Das ist absolut logisch. Und deine Lehrer auf dem Gymnasium haben dir doch beigebracht, so viel von Logik zu halten!«

»So magst du das sehen«, gab Lena in sanfterem Ton zurück, »aber ist und bleibt das nicht alles doch Ansichtssache?«

»Damit redet sich jeder heraus, wie's ihm passt«, ereiferte sich die Großmutter, »aber vor Gott wird es am Ende keine Ansichtssache mehr geben! Auch nicht die Ansichtssache, ob es ihn gibt oder nicht! Er behält das letzte Wort, wenn er uns zur Rechenschaft zieht. Und das wird er tun! In dem Augenblick, in dem die Samenzelle eines Mannes in deinem Leib mit deiner Eizelle verschmolzen ist, ist ein neues Leben entstanden, das du nur noch auszutragen und auf die Welt zu bringen hast, über das du aber nicht mehr nach eigenem Belieben verfügen kannst! Denn dieses neue Leben liegt, wie jedes andere Menschenleben auch, ab sofort in Gottes Hand.«

»Auch das Leben eines Atheisten – wie zum Beispiel Frau Amberger?«

»Damit erzähle ich dir doch nichts Neues, dass Gott uns allen die Entscheidungsfreiheit geschenkt hat«, antwortete Herta Angersbach. »Wenn sich ein Mensch gegen Gott entscheidet, trägt er die Folgen. Wenn sich ein Mensch für Gott entscheidet oder vom falschen Weg zu Gott zurückkehrt, dann gilt in seinem Leben das Wort des Paulus, dass ›denen, die Gott lieben, alle Dinge zum Besten mitwirken‹. Das betrifft auch dich und das Kindchen. Was jetzt in dir heranwächst, ist nach Gottes Schöpfungsplan bereits bis in alle Einzelheiten festgelegt. Was für uns wie schleimige Masse aussieht, ist schon ein fertiger Mensch. Vom Tag der Zeugung an steht fest, ob es ein Junge oder ein Mädchen werden wird und welche körperlichen und charakterlichen Eigenschaften dieser Mensch mit auf die Welt bringen wird.«

*

Thomas Elskamp bog hinter dem letzten Haus der Wiesenstraße um die Kurve und sah von Weitem die Mauer, die den Park mit den schönen hohen Bäumen und der alten Villa einfasste. Beim Herannahen fiel ihm ebenfalls im Scheinwerferlicht auf der dem Eingangstor gegenüberliegenden Straßenseite der verkohlte Überrest von irgendetwas auf, das niedergebrannt sein musste.

Als er durch die Toreinfahrt rollte, musste er hart in die Bremsen treten, um nicht auf zwei im Park stehende Autos aufzufahren. Ein kleines Stück weiter, dicht am Haus, stand ein dritter Wagen.

Elskamp schloss seine Autotür ab und ging im Schein einer an der Villa befindlichen Lampe auf die Eingangstür zu, aus der zu seiner Überraschung zwei Männer traten. Die hielten ihn an und fragten, was und zu wem er wolle.

»Ich möchte eine Frau Schoppmann sprechen«, antwortete er.

»Dürfen wir fragen, aus welchem Grund und zu welchem Zweck?«, fragte der eine weiter.

Thomas Elskamp ärgerte sich ein wenig und sagte: »Darf ich wissen, was Sie zu solchen Fragen berechtigt und veranlasst?«

Einer der Männer zog einen Ausweis aus der Tasche und sagte: »Kriminalpolizei.«

»Aha, verstanden«, sagte Elskamp. »Meine Tochter, sie ist erst achtzehn Jahre alt, wohnte hier ein paar Tage und hat dieses Haus heute am frühen Abend wieder verlassen. Nun hat sie mich gebeten, hier ihre persönlichen Sachen für sie abzuholen. – Aber darf ich trotzdem noch einmal fragen, wozu Sie hier sind? Ist etwas passiert?«

»Ja, das ist es«, antwortete einer der Beamten, »aber mehr können wir Ihnen nicht sagen. Die Frau Schoppmann werden Sie wohl kaum sprechen können. Sie wird gerade noch vernommen. Außerdem ist sie ziemlich aufgelöst und für Sie mit einiger Sicherheit nicht ansprechbar.«

»Was wollen wir denn nun machen? Wie komme ich mit meinem Anliegen weiter?«, fragte Elskamp.

Der andere Kriminalbeamte schlug einen höflicheren Ton an: »Können Sie sich irgendwie, nicht nur persönlich, sondern auch als Vater der jungen Dame, die hier gewohnt hat, ausweisen?«

Sofort zog Elskamp beide Personalausweise aus der Tasche, den eigenen und den von Lena, und zeigte sie vor. Der Beamte nahm sie und ging damit ins Haus.

Nach einer Weile kam er in Begleitung einer hoch aufgeschossenen, hellblonden Frau heraus.

Sie stellte sich Thomas Elskamp vor: »Ihre Tochter kennt mich als Lisa. Wollen Sie mit mir hinauf in das Zimmer gehen, wo Lena gewohnt hat? Dann können Sie dort alles, was ihr gehört, zusammensuchen und mitnehmen.«

Der Kriminalbeamte schaltete sich ein: »Ich kann mich darauf verlassen, dass Sie nur das Treppenhaus und dieses eine Zimmer betreten und keinen einzigen Raum sonst?« Die beiden versprachen es.

In dem Zimmer im ersten Stock war es für Thomas und die blonde Lisa nicht schwer, Lenas Habseligkeiten schnell zusammenzupacken.

Dann setzte sich Elskamp auf einen Stuhl und fragte: »Sagen Sie, was ist passiert?«

»Kann ich Ihnen kurz und schmerzlos mitteilen«, sagte Lisa, wobei ihre Stimme einen harten Klang annahm. »Hier hat sich heute Abend jemand aufgehängt … Auch noch ausgerechnet eine Religionslehrerin!«

*

Lena und Herta sahen an Thomas' Gesicht, als er hereinkam und die Taschen abstellte, sogleich, dass etwas nicht stimmte.

Er blieb mitten in der Küche stehen, schaute die Schwiegermutter und die Tochter an und sagte: »Im Frauenhaus ist etwas Schlimmes passiert. Frau Amberger ist tot. Sie hat sich in der Dunkelheit draußen im Park an einem Ast der Rotbuche erhängt …«

Herta schloss wieder für einen Moment die Augen. Lena starrte den Vater aus weit aufgerissenen Augen an. Beide sagten nichts.

Er drückte beiden die Hand und sagte: »Gute Nacht!« Dann fuhr er heim.

Das Mädchen stützte den Kopf auf die Hände und konnte keinen klaren Gedanken mehr fassen.

Die Großmutter ging wortlos nach nebenan und begann, zwischen Schlafraum und Wohnzimmer hin und her zu laufen, um ihrer Enkelin auf der großen Couch für die Nacht ein Bett herzurichten.

Ihre Religionslehrerin hatte sich umgebracht! Langsam kehrten bei Lena die Gedanken wieder zurück. Sie erinnerte sich, dass Theresa Amberger nicht selten aus dem eigenen Leben erzählt hatte.

So klar, wie bei Lena draußen auf der Bank im Park des Frauenhauses, hatte die Lehrerin ihre wahren Ansichten nie kundgetan. Vor einer Schulklasse hatte sie ihre Aussagen zumeist als kleine dialektische Kunstwerke gestaltet.

Das hatten die älteren Schüler bald herausgefunden: Frau Amberger wusste mit viel Bildung und manchen intellektuellen Tricks zu imponieren. Aber niemand wusste je, woran er bei ihr wirklich war.

Nur dann und wann hatte die Lehrerin, die gerade die dreißig überschritten hatte, mit kurzen Randbemerkungen die Katze aus dem Sack gelassen.

»Merkt euch das ein für alle Mal«, war einer der Sätze gewesen, die bei einigen Schülern sehr tief hängen geblieben waren, »dass Glaube und Theologie prinzipiell nichts miteinander zu tun haben!«

Aus dem Studium hatte sie einmal erzählt, dass ihre Professoren sich gerühmt hätten, »dritte Bultmann-Generation« zu sein.

Und dabei hatte diese Frau, ihren eigenen Berichten nach, so gut angefangen. Aufgewachsen war sie draußen in einem Vorort der Stadt und dort als Kind jahrelang in die Sonntagsschule der Evangelischen Gemeinschaft gegangen.

Später hatten die Frauen, die den Kindern mit viel Liebe die Grundlagen des Wortes Gottes vermittelt hatten, die aufgeweckte Theresa gebeten, selber die Sonntagsschularbeit an den kleineren Kindern fortzusetzen. So war sie in diesen Dienst hineingewachsen, bis sie nach dem Abitur Theologie studierte.

Danach hatte Theresa Amberger über die geistliche Seite ihrer Kindheit und Jugend, insbesondere über die Sonntagsschule und ihre Leiterinnen, kein freundliches Wort mehr übrig gehabt.

Und vor allem dies war Lena, die aus einem halbwegs bibelfesten Elternhaus kam, mehrfach aufgefallen: Frau Amberger war imstande, über Gott und die Welt und Philosophie und Sozialkunde und alles nur Erdenkliche zu diskutieren, aber die Bibelkenntnis dieser theologisch geschulten Religionslehrerin war gleich null.

Und erst einen Tag zuvor hatte Lena aus Frau Ambergers Mund ein persönliches Bekenntnis gehört, ein schwerwiegendes Schuldbekenntnis, offenbar ohne jedes Schuldbewusstsein. An den Plakaten aber schien es zu liegen, dass womöglich ein Schuldbewusstsein in ihr hochgestiegen war. War der Weg in den Tod, den sie gewählt hatte, vielleicht ihr letztes großes Schuldbekenntnis?

An diesem Punkt wagte Lena nicht, weiterzudenken. Immer noch klammerte sie sich an den Wunsch, ihren eigenen Zustand, die Folgen ihres eigenwilligen Weges, ungeschehen zu machen.

Die Großmutter kam wieder herein und fragte: »Hast du überhaupt schon zu Abend gegessen?«

Lena schüttelte den Kopf und sagte: »Ich mag auch nichts mehr …«

»Kein Wunder, wenn einem bei sowas der Appetit vergeht«, sagte Herta trocken, »aber ein wenig müsstest du noch essen, Kind!« Lena lehnte ab.

»Setz dich noch einmal zu mir, Oma«, bat sie, »ich hab dich noch was zu fragen.«

Herta setzte sich an den Tisch auf die gegenüberliegende Seite und schaute dem Mädchen geradeaus ins Gesicht.

»Sag mir eins: Gilt das, was du vorhin über die Anerkennung des Lebens von Anfang an gesagt hast, auch dann, wenn dieses neue Leben durch … durch eine … Vergewaltigung entstanden ist?«, fragte Lena.

»Ist das jetzt 'ne griffige Ausrede«, fragte Herta, »die sie dir im Frauenhaus beigebracht haben, oder hast du etwa …?«

»Ja, leider. Ich habe das erlebt«, sagte Lena bitter, wobei ihre Blicke immer noch auf die Tischdecke gerichtet waren. Dann musste sie der Oma in kurzen Zügen erzählen, was ihr vor Wochen im Tiergartenwald passiert war.

Herta hörte ohne sichtbare innere Regung zu. Lena schloss ihren Bericht mit der Frage: »Hab ich da nicht ein Recht, vielleicht sogar die Pflicht, das, was ich nie haben wollte, loszuwerden?«

Die Großmutter gab zunächst keine Antwort. Nach einer Weile holte sie tief Luft und sagte: »Gut, Kind. Eines Tages hättest du es vielleicht sowieso erfahren. Ich will dir ein Familiengeheimnis mitteilen. – Mir ist so etwas auch geschehen. Opa und ich hatten im Krieg geheiratet, daheim in Breslau. Unser Eheglück dauerte nur drei Wochen. Dann wurde er eingezogen. Ein Jahr später kam der Zusammenbruch. Die Flucht begann. Irgendwo auf einem Bauerngehöft im Erzgebirge, wo ich mit meinen Eltern, zwei Schwestern und mehreren anderen Flüchtlingen auf dem Heuboden eines Stallgebäudes übernachtete, wurden wir von russischen Truppen überfallen und bekamen bis auf unsere zerlumpten Kleider alles, alles abgenommen. Meine Schwestern und mich – Marianne, die Jüngste, war erst fünfzehn – zerrten die Kerle mit in den Wald, der gleich hinter dem Grundstück begann, und wir mussten's aushalten …«

Herta hielt sich den Kopf mit beiden Händen. »Ich höre heute noch Mariannes Schreie …«

Lena atmete schwer. Plötzlich spürte sie, wie sie am ganzen Körper zitterte. »Und dann?«

»Danach merkte ich, dass ich schwanger war«, erzählte die Großmutter weiter. »Mein Kind bekam ich in einem Flüchtlingslager im Sauerland. Dieses Kind ist deine Mutter!«

Randy Alcorn
Pro-Life

Argumente gegen die Tötung Ungeborener

256 Seiten, Taschenbuch
ISBN 978-3-86699-162-0

In der Abtreibungsdebatte steht unglaublich viel auf dem Spiel. Nach Ansicht der Abtreibungsbefürworter geht es um unverhandelbare Freiheiten, die in Gefahr geraten. Und die Abtreibungsgegner sind überzeugt, den ungeborenen Kindern werde das grundlegendste Recht – das Recht auf Leben – verweigert. Autoaufkleber gibt es genug; aber Fakten kommen nur selten zur Sprache. Lassen sich überhaupt klare und glaubwürdige Antworten auf die zentralen Fragen der Abtreibungsdebatte finden – für solche, die Abtreibungen bereits hinter sich haben, für diejenigen, die gerade eine solche in Betracht ziehen, und auch für Abtreibungsbefürworter oder für bisher noch Unentschiedene?

Dieses Buch gibt auf diese Fragen prägnante, sachlich begründete Antworten, die keinen verletzen.